KB145387

너 그거 알아?

발칙하고 유쾌한 별별 지식백과

지적 대화를 위한 첫걸음, 호기심

이제 막 말을 시작한 아이가 묻는다.

"이건 뭐야?"

아이가 알아들을 수 있도록 쉽게 설명했다고 뿌듯해하기도 전에 또 다른 질문이 날카롭게 날아든다.

"왜?"

아무리 설명을 해줘도 그놈의 "왜?"는 좀체 끝날 줄 모른다. 그 "왜?"가 다섯 번을 넘어가면 부글부글 속이 끓는다. 뭐가 그리 궁금한 건가, 싶어 화도 나고 더는 답을 줄 수 없을 만큼 내가 가진 지식의 밑천이 드러나 버렸다는 데 당황한다. 나의 짜증과 부끄러움은 아이가 자라는 동안 무한히 반복되고, 그와 비례해서 아이는 조금씩 조금씩 변화하고 성장한다. 질문을 통해 정보를 얻고, 어느 날 갑자기 뚝 떨어져 모든 것이 낯선 이 세상과 관계를 맺어가며, 앞으로 살아갈 방법에 대해 익혀가는 것이다. 세상에 대한 궁금증, 호기심을 통한 변화고 성장이다.

아인슈타인은 말한다. "나는 특별한 재능이 있는 게 아니라 단지 열정적인 호기심을 갖고 있을 뿐이다(I have no special talent. I am only passionately curious)"라고. 그 호기심이 위대한 과학의 원동력이었다는 의미다. 궁금한 것이 없으면 질문도 없고 상상도 못 한다. 질문이 없으면 그 해답을 찾으려 하지 않고, 상상하지 못하면 더 이상 새로움은 없다. 제자리에 머물 뿐이다. 반면 궁금증은 나를 계속 움직이게 하고, 새로운 문을 열게 하고, 새로운 일을 하게 한다. 이 책은 제자리에 머물지 않기 위한 욕구에서 시작됐다. 누구나 한 번쯤 가져봤지만 귀찮아서 버려두었던 발칙한 궁금증을 유쾌한 설명으로 채웠다. 사소해서, 익숙해서, 별것 아니어서 평소 궁금해할 일 없었던 것들에 숨어 있는 별별 이야기들을 콕콕 끄집어내 '옳고 그름', '맞고 틀림'만을 따지는 학교교육에 딱딱해진 뇌를 '다르고 특별한' 이야기로 말랑말랑하지만 알차게 채워준다.

1부

**경이로운
인체탐험**

? 1부

경이로운 인체탐험

없느니만 못한 사랑니,
왜 사랑니?

날 사랑하지 않는다는

당신의 아픈 그 말이 날카로운 못이 되어

가슴에 박혀 있었기에

아픔도 최면도 없이 삼십몇 년의 생애를 들어냈다

깨어나 나는 다시 물을 마시고

일어나 다시 나는 신문을 읽고

그래도 생각나면 사랑의 역사를 쓰고 또 지우리라

빚 독촉하듯 치통 다시 도지면

— 시인 최영미의 〈사랑니, 뽑다〉 중에서

시인은 사랑니를 뽑고 이 시를 썼다 했다. 사랑이 끝나고 가슴에 새겨진 사랑의 흔적을 뽑아버리듯 사랑니를 뽑았다고 한다. 그러고도 또다시 아파지면 사랑니를 뽑듯 마음 한구석에 여전히 남아 있을 흔적마저도 뽑아버리겠다고 한다. 이처럼 대부분에게 사랑니는 고통으로 기억된다. 새로 날 때도 아프고, 잘못 나서도 아프고, 충치가 잘 되어서 또 아프다. 그뿐인가? 뽑아내는 데도 지독하게 아프다.

대개 사춘기가 지나고 17~25세 즈음에 가장 안쪽에 나는데, 새로 날 때 마치 첫사랑에 앓듯 아프다 해서 사랑니라고 부른다. 보편적으로 첫사랑을 경험하게 되는 20세 전후에 그와 비슷한 고통을 안겨주는 치아라는 의미다. 제3대구치나 어금니라는 공식적인 이름보다 달콤하며 낭만적인 애칭이다. 한자로는 사리분별의 지혜가 생길 때쯤 난다는 의미로 지치(智齒)라고 한다. 이런 인식은 서양인들도 비슷해서 영어로는 'Wisdom Tooth(지혜의 이)', 프랑스어로는 'Dent de Sagesse(분별력이 있는 치아)'라고 한다. 심지어 베트남에서도 현명한 이라는 의미로 'Răng khôn ngoan(랑꼰완)'이라고 한다. 첫사랑의 실패나 지혜를 얻는 과정이나 고통스럽기는 마찬가지기 때문이 아닐까 싶다.

의학적으로 사랑니는 구강 내 가장 안쪽에 위치한 큰 어금니다. 가장 뒤늦게 자라는 치아로 양쪽 위와 아래에 하나씩 총 4개가 있다. 예전의 인간은 턱이 발달해 있어서 28개 외 4개의 사랑니가 자리하고도 넉넉했다. 그래서 잇몸을 뚫고 나올 때의 고통과 자연적인 충치 외에 큰 문제가 없었다. 하지만 현대인은 다르다. 채식보다는 육식을 즐기는 식습관의 영향으로 과거보다 턱의 크기와 길이가 줄어들었기 때문이다. 초식동물에 비해 어금니가 적은 육식동물의 턱이 좁은 것처럼 말이다. 그렇게 우리는 사랑니가 자라날 자리를 잃어버렸다. 결국 사랑니가 온전히 나오지 못하고 누워서 나거나 삐뚤게 되는 경우가 많아진 것이다. 또 채 나오지도 못 하고 잇몸 속에 숨어서 옆으로 누운 채 옆 치아의 뿌리를 건드려 손상케 하거나 숨은 채로 상해서 잇몸을 붓게 만들기도 한다. 이런 경우 대부분은 다 자라기도 전에, 혹은 입안이 허는 것을 참다 참다 결국 뽑아내곤 한다.

하지만 요즘 어린아이들의 잇몸 X-선 사진을 보면 성인들과 달리 아예 사랑니의 흔적을 찾을 수 없는 경우가 많다. 턱의 퇴화가 진행되면서 흔적으로 남았던 사랑니마저 점차 사라지고 있는 것이다. 이런 경우 성인이 되었을 때 최종 치아의 종수는 32개가 아니라 28개가 된다. 고통을 겪을 일도 없고, 관리에 신경 쓸 일도 없으니 부러운 일이다. 하지만 그만큼 턱이 퇴화했다는 것이니 마냥 기쁠 수만은 없다. 치아는 고기보다 질긴 식이섬유를 분쇄할 능력을 잃어버렸지만, 소화기관은 고기를 소화시키는 능력을 그만큼 향상시키지 못했기 때문이다. 현대인들에게 소화기계통에 질병이 많은 것도 이 때문이다. 사랑니가 여전히 존재하는 지금 우리는 분쇄 잘하는 튼튼한 턱이냐 고기를 위한 위장이냐를 선택해야 하는 갈림길 위에 서 있다.

존 콜리어의 〈가학적인 치아 뽑기〉(1773)

꼬리뼈가 남긴
진화의 흔적

  2021년 온라인 논문공유 서버인 '바이오 아카이브'에 재미있는 보고서가 공개되었다. 뉴욕대 그로스먼 의대 대학원생을 주축으로 한 연구팀의 실험결과였는데, 꼬리 없는 유인원 6종과 꼬리가 달린 원숭이 9종의 DNA 중에서 꼬리 발달에 관여하는 것으로 알려진 유전자 30여 개를 비교·분석하는 실험이었다. 결론부터 말하면 그들은 '사람과 유인원에는 모두 있지만 꼬리 달린 원숭이들에는 없는 돌연변이 유전자가 꼬리를 잃게 한다'는 사실을 확인했다. 앞서 연구팀은 꼬리가 없는 원숭이들의 TBXT 유전자 중심부에 Alu라는 돌연변이 유전자코드가 있는 것도 발견했다.

TBXT 유전자는 이미 1세기 전 러시아 과학자가 실험동물에 엑스선을 쪼여 기형이 나오는지 살펴본 실험을 통해 꼬리와 척추 형성에 아주 밀접하게 관련되어 있다는 것이 밝혀진 유전자다. 이런 결과를 바탕으로 그들은 실험용 쥐의 TBXT 유전자에 Alu 유전자코드를 삽입했으며, 그 결과 유전자를 조작한 생쥐의 경우 대부분 꼬리가 나지 않거나 꼬리가 있더라도 작거나 기형이라는 것을 확인했다. 이에 연구팀은 최종적으로 '사람과 유인원의 조상에서 꼬리 발생을 억제하는 돌연변이가 일어났고, 그 형질을 물려받은 후손이 더 많은 자손을 남기고 이후 여러 차례의 돌연변이가 추가되어 고정된 형질이 되었다'는 결론을 내렸다.

그런데 더 놀라운 이야기가 있다. Alu 유전자코드가 인간의 TBXT 유전자에도 똑같이 들어가 있다는 것이다. 이는 Alu 유전자코드가 TBXT 유전자를 변형시켜 인간이 가지고 있던 꼬리를 의도적으로 없앴을 가능성이 있다는 의미가 된다. 즉, 인간의 꼬리가 임신 4주까지 잘 발달하다가 이후 더 성장하지 못한 채 흔적으로만 남는 것이 바로 이 돌연변이 유전자코드 Alu 때문일 수도 있다는 것이다.

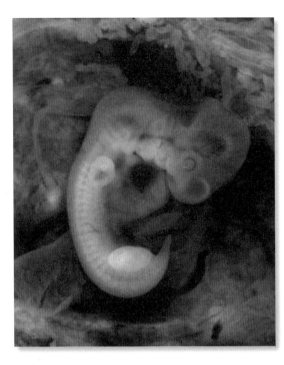

꼬리의 형태가 선명한
임신 7주 차 태아

그러면 Alu 유전자코드가 나타나기 전 인간에게는 다른 척추
동물들처럼 긴 꼬리가 있었을까? 실제로 6,600만 년 전 영장류
화석에게 잘 발달한 꼬리가 존재했다. 그리고 꼬리 없는 유인원
이 출현한 것은 2,500만 년 전이었다. 이 시기는 유인원들이 두
발로 직립해 걷기 시작한 시기와 일치한다. 그래서 찰스 다윈
(Charles Robert Darwin, 1809~1882)은 1871년 출판한 책
《인간의 유래와 성 선택》에서 인간의 꼬리뼈가 다른 동물의 꼬리
에 해당하는 흔적기관이라고 주장했다. 과거 나무에 살 때 무게

중심을 잡는 데 유용했던 꼬리가 나무에서 내려와 직립보행을 하게 되면서 불필요해짐에 따라 점점 퇴화했으나, 완전히 사라지지 않고 흔적으로 남았다는 것이다. 그러나 이번 뉴욕대 연구팀의 연구결과를 통해 꼬리가 사라진 이유가 돌연변이 유전자코드 때문이라는 것에 무게가 더 실리게 되었다.

뭐, 살면서 지금의 우리가 꼬리의 존재감을 확인하게 되는 일은 많지 않다. 계단에서 발을 헛디뎌 주저앉지만 않는다면 말이다. 부끄러움은 잠시지만 고통은 길다 했던가. 그놈의 꼬리뼈가 딱 그렇다. 눈에서 사라졌으면 고통마저 가져갈 것이지.

2,500만 년 전에 등장한
꼬리 없는 영장류
(취리히대학 인류학박물관)

매일 빠지는 머리카락,
대머리 되는 거 아냐?

머리를 빗을 때 머리빗에 빼곡하거나 바닥에 흩어진 한 움큼의 머리카락들을 보면, 특히 가을철 환절기 때 수챗구멍을 가득 메우고 있는 시커먼 머리카락 뭉텅이를 보고 있자면 덜컥 겁이 난다. 하루 동안 제 몸에서 빠져나간 것이 몇 개인지 헤아리기도 쉽지 않다. 그에 비해 머리카락이 자라는 속도는 답답할 정도로 느리다. 한 달에 겨우 1㎝나 자랄까 말까다. 새 머리카락이 나는지 알기도 어렵다. 걱정스러운 마음에 정수리를 훑고 가르마를 가르다 보면 어쩐지 이전보다 휑해 보이는 것만도 같다. 그러니 이런 생각이 들지 않을 수 없다. '내일은 나도 대머리?'

갓 태어난 아기에게도 머리카락은 있다. 그 수는 무려 10만 개 정도다. 그런데 하루에 평균 빠지는 양이 50~100개나 된다고 한다. 그렇다고 하면 하루에 100개라고 했을 때 1,000일, 대략 3년 정도면 몽땅 다 빠지게 될 터다. 머리카락의 3분의 1 정도만 휑해도 대머리로 불리는 것을 고려하면 1년이면 그 타이틀을 따는 것도 무리가 없겠다. 그러나 크게 걱정할 필요는 없다. 빠지는 양만큼 새 머리카락이 나기 때문이다. 사람의 모낭은 2~8년의 생장기와 2주의 퇴행기, 1~3개월간의 성장을 멈추는 휴지기로 이뤄지는 주기를 반복한다. 머리카락 하나가 평생 빠지지 않는 것이 아니라 일정 기간 자라고 성장이 멈추고 빠지고 다시 새로운 머리카락이 나는 식이다. 빠지기만 하는 게 아니라 교체되는 것이다. 그래서 의사들도 하루 100개 이하 정도의 탈락은 정상이고, 100개 이상일 경우에 탈모라고 한다.

머리카락의 탈락은 계절과도 관련이 있다. 여름철 왕성한 성장을 자랑하는 잡초와 마찬가지로 머리카락도 여름에는 많이 자랄 뿐 아니라 빠지지도 않는다. 하지만 가을이 되어 일조량이 줄어들면 호르몬에 변화가 오면서 많이 빠지게 된다. 일시적으로 늘어난 남성호르몬 테스토스테론이 인체 내 효소에 의해 디하이드

로테스토스테론(Dihydrotestosterone)으로 전환되어 모발 성장을 막고 탈락을 유발하는 것이다. 서늘한 바람이 불기 시작할 때 머리카락이 유독 많이 빠지는 이유다. 여기에 건조한 대기와 큰 일교차도 영향을 준다. 대기가 건조해지고 일교차가 커지면 두피가 건조해지고 피지량이 감소해 유·수분 균형이 무너진다. 그러면 두피에 각질이 쌓이게 된다. 문제는 각질과 같은 오염물질이 모공을 막아 모낭세포의 활동을 막으면서 머리카락의 탈락을 유발한다는 것이다.

풍성한 황금 머리카락을 가진 북유럽신화 속 수확의 여신 시프

여름 내내 두피가 흡수한 자외선 또한 가을 탈락의 원인이 될 수 있다. 한여름 자외선으로 휴지기가 앞당겨지면서 탈락이 일어나는 것이다. 또한 자외선은 머리카락 각질층을 부서뜨려 머리숱이 더 적어 보이는 효과를 만들기도 한다. 여름철 피지와 땀에 의한 지루성 피부염이나 모낭염 등으로 두피상태가 나빠지는 것도 가을 탈락의 원인이 되기도 한다. 반면 탈모는 계절적 요소를 아주 무시할 수는 없지만 주로 퇴행기에 빠져야 할 머리카락이 생장기나 휴지기에 빠지는 것을 가리킨다.

뒷머리가 없는 그리스신화 속 기회의 신 카이로스

따라서 퇴행기의 탈락은 그 수가 많든 적든 자연스러운 현상이다. 다만 하루의 탈락 머리카락 수가 100개가 넘거나 두피가 가렵거나 이전보다 모발이 가늘어지고 힘이 없거나 이마와 머리카락의 경계가 점차 올라가거나 가르마 부위가 넓어진다면 탈모를 의심해야 한다.

머리카락은 하루에 0.03㎝, 한 달에 1㎝ 정도 자라서 1년 동안 12㎝ 정도 자라는데, 이런 머리카락이 제 수명을 다하게 하려면 아침보다 저녁에, 1~2일에 한 번 계면활성제가 없는 샴푸로 머리를 감아야 한다. 머리를 말릴 때는 수건으로 모발을 비비지 말고 두피 마사지를 하듯 꾹꾹 눌러주는 게 좋다. 또 담배도 피지 않아야 하고 술도 삼가야 하며, 영양가 있는 음식을 먹되 고소한 튀김이나 지방이 많은 육류는 물론이고 햄버거나 라면 같은 패스트푸드와 인스턴트 음식을 멀리 해야 한단다. 머리카락을 지키려면 수도승처럼 먹고살라는 이야기인가 싶다. 또 일찍 자고 충분히 자야 하고 규칙적으로 살아야 하며, 매사에 스트레스를 받지 않도록 조급하지 말고 마음을 편안하게 가져야 한단다. 뭐, 이쯤이면 신선쯤은 되어야 탈모 걱정 없이 살지 않을까?

맹장은
맹장이 아니다

배에 끔찍하리만치 괴로운 고통이 갑자기 찾아왔다. 장염 저리 가라의 통증이다. 속이 더부룩했다는 것 외의 특별한 증상도 없었다. 진통제나 진경제로도 가라앉지 않아 결국 병원에 실려 가서야 병명을 듣고는 정신도 없는 채로 차가운 수술대에 올랐다. 맹장염이랬다. 의사는 그나마 아직 열도 없고 빨리 와서 다행이라고 하지만, 고통에 몸부림친 주체로서는 뭐가 다행인지는 잘 모르겠다. 투덜거릴 뿐이다. 사실 아픈 와중에 맹장이 터져서 복강 내로 염증이 퍼졌더라면 장기를 몽땅 들어내 세척하는 수고로움을 겪었을 거라는 말 따위가 제대로 들릴 리도 없다.

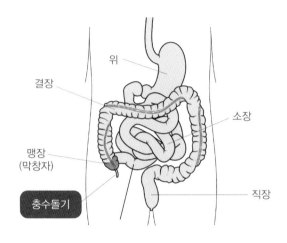

맹장과 충수돌기 위치

그런데 맹장염으로 맹장을 제거하는 수술을 받았다고 하는 사람들 중에 또다시 맹장염이 걸렸다는 이들이 심심치 않게 있다. 이는 우리가 알고 있는 맹장이 맹장이 아니라는 데에서 오는 헤프닝이다. 사람의 대장은 맹장, 결장, 직장으로 이루어져 있는데, 이때 생소한 기관이 하나 더 있다. 바로 맹장(Cecum), 즉 막창자에 꼬리처럼 붙어 있다고 해서 막창자꼬리라고도 불리는 충수돌기(충수, Vermiform Appendix)다. 개인차가 있지만 대략 길이는 6~7㎝, 굵기는 0.5~1㎝인데, 기능은 정확하게 무엇인지 알지 못한다. 때문에 진화론자들은 거칠고 생것 위주의 식습관이 부드럽고 익힌 것으로 바뀌면서 본래의 기능이 사라진 것이라고도 하고, 맹장의 역할과 기능이 축소되면서 자연스럽게 줄어든 맹장의 일부라고도 한다.

찰스 다윈도 충수가 점차 기능을 잃고 흔적만 남은 진화의 흔적이라고 생각했다. 그가 활동하던 때에는 충수가 인간과 기타 덩치 큰 영장류(침팬지, 고릴라, 오랑우탄)에만 존재하는 것으로 알려져 있었다. 때문에 다윈은 "영장류의 먼 조상은 잎을 먹고 살았기 때문에 커다란 맹장을 필요로 했고, 여기에는 단단한 식물조직을 분해하는 세균이 서식하고 있었다. 그 후 (소화하기 쉬운) 과일이 주식이 되면서 커다란 맹장은 쓸모없게 되었고, 이에 따라 맹장의 크기가 줄어들기 시작하여 오늘날의 크기로 축소되었다. 맹장의 끝에 돌출해 있는 충수는 '맹장이 위축되면서 생긴 주름(folds) 중 하나'이며, 아무 쓸모가 없는 구조체에 불과하다"라는 가설을 제시했다. 그의 주장을 요약하면 다음과 같다.

조상으로부터 전해진 쓸데없는 흔적기관!

다윈을 원숭이에 빗대 풍자한
영국의 신문만평(1871)

하지만 현재 과학으로 밝혀진 바에 따르면 충수는 토끼, 고양이, 설치류, 여우원숭이, 일부 유인원, 그리고 사람 등 일부 동물에게서만 발견된다. 비교적 고등동물인 아프리카와 남미의 원숭이에게서는 발견되지 않는다. 때문에 지구상의 생명체가 하등동물에서 고등동물로 진화된 것이 아니라는 가설을 뒷받침하는 증거로 제시되기도 한다. 오히려 진화론을 반대하는 주장의 근거가 되는 것이다.

현대 과학은 충수가 '림프계에 속하는 특별한 조직을 포함하고 있다'는 사실과 '충수의 림프조직이 일부 유익한 장내세균의 증식을 촉진한다'는 사실까지 밝혀냈다. 또한 포유류를 대상으로 한 상세한 해부학적 분석결과 비버, 코알라, 호저와 같은 다양한 종들도 충수가 있는 위치에 돌출한 구조체를 보유하고 있는 것을 발견했다. 다윈의 생각과는 달리 일부 영장류에 국한된 쓸모없는 구조체가 아니라 포유류 사이에 광범위하게 존재하는 기관이라는 것이 확인된 셈이다. 정확한 것은 여전히 미스터리이지만….

아무튼 흔하게 맹장염이라고 했을 때 염증이 생긴 부위는 맹장이 아니라 맹장 끝에 달린 충수이며, 이때 받는 맹장수술 또한 실제로는 맹장을 제거하는 수술이 아니라 맹장 끝에 달린 충수를 제거하는 수술이다. 따라서 정확한 병명은 맹장염이 아니라 '충수돌기염'또는 '충수염'이다. 이전의 진단기술이 미진해서 충수와 맹장을 구분하지 못했든, 아니면 그 둘을 같은 것으로 보고 구분하지 않았든 이제는 실체가 점점 밝혀지고 있는 만큼 구분해 쓸 필요가 있어 보인다.

벽돌이 이길까,
뼈가 이길까?

세는 방법에 따라 차이가 있기는 하지만 사람은 450개 정도의 뼈를 가지고 태어난다. 하지만 점점 줄어들어 나중에는 206개가 되는데, 이는 성장하면서 뼈끼리 서로 결합하기 때문이다. 그 수야 어떻든 뼈는 문어나 주꾸미와 달리 우리 몸이 똑바로 설 수 있도록 몸을 지지한다. 또한 외부에서의 충격으로부터 중요한 장기, 예를 들어 뇌나 폐나 심장들을 보호하는 역할도 한다. 그 외에도 뼈에는 중요한 역할이 부여되어 있다. 혈액 내의 칼슘농도를 맞추는 데 사용되는 것이다. 혈액 내에 칼슘의 양이 부족하면 부갑상선 호르몬이 뼈에서 칼슘을 빼내 혈액으로 공급하는 것이

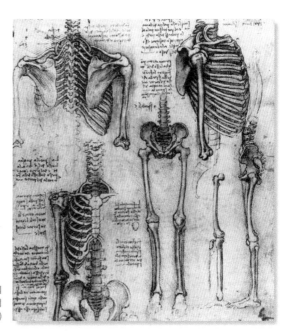

레오나르도 다 빈치의
인체골격 스케치
(1510)

다. 인체 내 칼슘의 98%가 뼛속에 있어 가능한 일이다. 그렇다고 무한정 끌어다 쓸 수는 없다. 칼슘 섭취가 부족해서 자꾸만 뼈에서 빼서 쓰다 보면 결국 골다공증에 걸리게 된다. 작은 힘에도 톡, 하고 부러지는 일이 일상이 될 것이란 말이다. 흔히들 골다공증은 골밀도가 감소해서 생기는 병으로 안다. 그러나 골다공증에 걸려도 뼈의 밀도에는 거의 변화가 없다. 달라지는 것은 뼈의 질량이다. 뼈의 질량이 줄어드는 것이다. 이런 경우 뼈 모양 자체는 변화가 없어 일단은 일상생활에 지장이 없지만, 뼈가 부러질 가능성이 커진다.

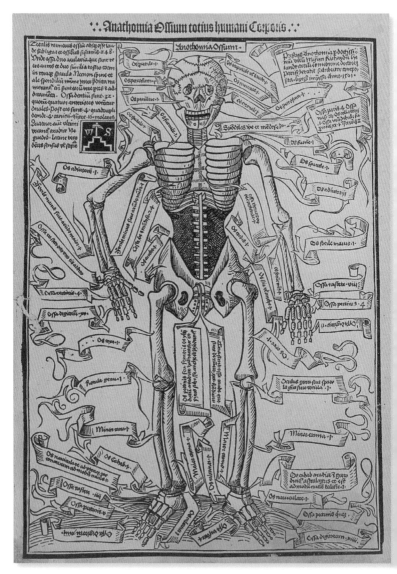

라틴어로 기록된 골격 해부 판화(1501)

하지만 정상 뼈의 강도는 벽돌, 아니 화강암을 능가한다. 이는 뼈를 이루는 내부의 수많은 트러스 구조가 힘을 효과적으로 분산시키기 때문이다. 트러스 구조란 지붕·다리·항공기 등의 뼈대 구조로서 삼각형을 기본으로 그물 모양으로 짜서 하중을 지탱하는 구조법을 말한다. 이런 뼈의 구조는 여러 방향에서 작용하는 힘을 견디는 데 효과적이다. 송판이 나뭇결을 따라 힘을 가하면 쉽게 격파되는 것과 대비된다.

물론 각목이나 벽돌에 맞으면 뼈는 부러진다. 힘의 작용점이 다르기 때문이다. 뼈는 벽돌을 격파할 정도의 압축력은 견딜 수 있어도 뼈에 수직으로 한 지점에 가해지는 충격에는 약할 수밖에 없다. 축구선수들이 정강이 보호대(신가드)를 착용하는 이유이기도 하다. 뼈는 충분히 강하다. 그러나 나대지 않아야 안전하게 살 수 있다. 때론 과신이 불신보다 위험한 법이니까.

밥만 먹으면
꾸벅꾸벅

점심식사 후 맞는 오후의 첫 수업시간, 나른한 햇살과 적당한 포만감에 취한 몸이 선생님의 목소리를 자장가 삼아 책상과의 달갑지 않은 조우를 반복하던 일상. 성인이 되면 사라질까 했지만 노곤한 봄철이 되면 녹록지 않은 게 사실이다. 한 취업 관련 포털 사이트 조사에 따르면 직장인의 69.4%가 춘곤증을 고민하는 것으로 나타나기도 했다. 따뜻한 바람이 불어오는 봄날이 되면 자주 피곤해지고 오후만 되면 졸린다고 해서 춘곤증(春困症), 식사하고 나서 유독 몰려드는 졸음이라고 해서 식곤증(食困症)이라고도 불리는 달갑지 않은 졸음증상을 우리는 으레 당연한 것, 누구

나 그런 것이라고 가볍게 생각한다. 건강한 사람의 경우에도 춘
곤증이나 식곤증은 어김없이 겪는 일상이기 때문이기도 하지만,
졸음 자체를 나태하기 때문이라며 정신적인 문제로 치부해버리
는 데 익숙하기 때문이다.

식곤증의 원인은 여러 가지가 있는데, 먼저 음식에 들어 있는 트
립토판이라고 하는 아미노산 때문이다. 트립토판(Triptophane)이
인체에 흡수되면 세로토닌(Serotonin)으로 바뀌는데, 바로 이
세로토닌이 마음을 편안하게 해주고 긴장을 완화시킬 뿐만 아니
라 일부가 행복호르몬이라 불리는 수면유도호르몬 멜라토닌
(Melatonin)으로 바뀌면서 졸음을 불러오는 것이다.

섭취한 음식을 소화하는 과정에서 졸음이 유발되기도 한다. 음식물이 위에 들어가면 소화를 위해 위 근육으로 다량의 혈액이 몰려들면서 상대적으로 뇌로 가는 혈액량이 줄어든다. 이렇게 혈중 산소포화도가 낮아지면 뇌는 스스로 활동량을 줄이려고 하는데, 그 결과물이 잠이다. 잠을 자 쉬려는 것이다. 과식 후 하품이 쏟아지는 것도 같은 이유다. 한숨 자고 나면 소화가 다 되어버린 것처럼 느껴지는 것 또한 그냥 느낌이 아니라 뇌에 공급되었어야 할 혈액을 포식한 위가 열심히 제 역할을 했다는 증거다.

존 싱어 사전트의 〈남녀의 낮잠〉(1905)

따라서 과식하거나 소화가 잘 안 될 때 잠이 온다고 지레 걱정할 필요는 없다. 걱정할 시간에 비타민과 무기질이 풍부한 채소와 과일들을 챙겨 먹으라고 의사들은 조언한다. 물론 과식이 아닌데도 2~3주 이상 증상이 계속된다면 병원을 찾는 게 좋다. 수면무호흡증·심한 코골이 등에서 오는 수면부족일 수도 있고, 간염·간질환·결핵 등에서 오는 만성피로일 수도 있기 때문이다.

한편 식곤증은 춘곤증이란 명칭이 따로 생길 정도로 유독 봄철에 심하다. 하지만 왜 그런지는 아직 정확하게 밝혀진 것이 없다. 다만 의학계에서는 차갑고 건조하던 겨울 날씨가 갑자기 따뜻해지면서 외부의 온도와 습도에 큰 변화가 생기는 바람에 겨울에 적응했던 신체가 새로운 환경에 적응하지 못해서 나타나는 자연스러운 증상으로 본다. 겨울보다 피부온도가 올라가면서 혈액순환의 양이 늘어나고 신진대사가 활발해지면서 비타민 B1을 비롯한 각종 비타민, 무기질 등 영양소의 필요량이 증가하는데 비타민이 상대적으로 결핍되었을 때 이러한 증상이 나타난다는 것이다.

털,
기를 것인가 밀 것인가

"털이 많으면 미인"이라는 말이 있다. 미의 기준이란 게 시대에 따라 변해왔고 심지어 저마다 미의 기준이 다르니 옳다 그르다 따질 것도 없지만, 일단 유래를 알 수 없는 것은 차치하고라도 만약 그 말이 진짜라면 미를 숭상하던 고대이집트 사람들이 남녀를 가리지 않고 제모한 것이 설명되지 않는다. 그래서 "털이 많으면 진화가 덜 된 사람"이라는 놀림조의 말에 더 신뢰가 간다. 근래 새로운 발견으로 진화론의 아성이 무너져 가고는 있지만, 여전히 인간이 유인원에서 진화했다는 주장에 힘이 실리는 시대에 털은 '덜' 진화한 증거이기에 부족함이 없으니 말이다.

몸에 난 털을 제거하는 것은 인류만큼이나 오랜 역사를 가지고 있다. 시작은 10만 년 전 석기시대로 거슬러 올라간다. 석기시대 인들은 부싯돌 칼날, 조개껍데기 및 기타 날카로운 도구를 사용해 몸 전체의 털을 제거했다. 추울 때는 젖은 털이 얼어서 체온을 앗아가는 일을 막기 위함이었고, 더울 때는 기승을 부리는 진드기와 이 같은 해충의 온상이 될 수도 있는 곳을 사전에 제거하기 위함이었다. 특히 머리카락은 뒤쫓는 적에게 잡히지 않기 위해 잘라냈다.

고대이집트에서는
청결을 위해 삭발을
하고 가발을 썼다.

기원전 3000년경 고대이집트에서는 청결을 매우 중요하게 생각했다. 신분이나 성별에 상관없이 모두 목욕한 후 눈썹을 제외한 몸의 털을 모두 제거했는데, 지역의 맹렬한 더위 때문이기도 했지만 그보다는 털이 있는 것을 '미개함'으로 여겼기 때문이었다. 또

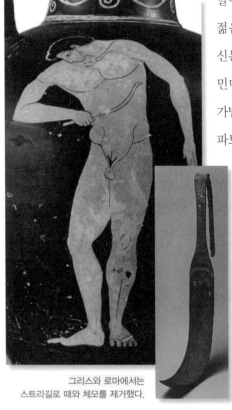

털이 없는 몸을 순수, 순결, 젊음으로 생각했다. 그래서 신분이 높을수록 삭발을 한 민머리 위에 다양한 형태의 가발을 썼다. 영화 속 클레오파트라의 까맣고 일자로 잘린 머리카락은 진짜 본인의 머리카락이 아니라 가발이었던 것이다.

기원전 400년경 로마인들도 몸에 털이 많은 것을 비천한 것으로 여겨서 남녀 모두 제모를 했는데, 고대그리스 때

그리스와 로마에서는
스트리길로 때와 체모를 제거했다.

40

부터 사용해온 스트리길(Strigil)나 족집게를 닮은 불셀라(Volsella)
라는 도구를 이용했고 종아리털이나 가슴털은 물론이고 코털까
지 제거대상이었다.

엘리자베스 여왕
시대였던 1500년
대 경에는 제모가 얼굴
에 집중되었다. 이마와 윗
입술의 솜털을 제거하는 것
은 물론이고 헤어라인을 3~4㎝
끌어올리는 게 유행이었다. 다만 전
신을 꽁꽁 싸매는 패션을 고수했던 탓
에 팔과 다리의 털은 중요하지 않았다.
그러다 1900년대에 이르러 민소매, 미

최초의 여성용 면도기

니스커트 등으로 여성의 옷차림에 노출이 많아지면서 전신 제모
는 다시 중요해졌다. 이런 변화에 가장 민감하게 반응한 것 역시
면도기나 제모크림 제조업체였다. 특히 질레트(Gilette)는 1915
년 최초로 여성용 면도기 '밀라디 데콜테(Milady Décolletée)'를
출시하고 전략적으로 마케팅을 했다.

학자들은 본래 인간에게는 온몸을 뒤덮을 정도로 털이 많았다고 한다. 그러다 햇볕이 강한 열대 초원지역에서 맹수의 위협이 적은 낮에 활동하다 보니 체온을 최대한 빨리 배출하기 위해 털이 줄어드는 쪽으로 진화했다고 추정한다. 그렇더라도 털은 기본적으로 외부충격으로부터 몸을 보호하는 역할을 한다. 머리카락은 빛과 열을 반사해 온도 차에 민감하고 취약한 뇌를 보호하며, 코털은 먼지 등의 이물질이 폐로 들어오는 것을 막아주며, 속눈썹은 땀과 미세입자로부터 눈을 보호하고 안구가 건조해지지 않도록 공기의 흐름을 바꿔준다. 겨드랑이처럼 마찰이 많은 부위의 털 또한 외부로부터의 충격과 마찰을 줄여주는 쿠션 역할을 한다. 팔과 다리의 털도 체온과 피부감각 유지에 도움을 주며, 마찰에 의한 손상을 줄여준다. 결국 털은 없는 것보다는 있는 게 좋다는 말이다.

최초의 속눈썹 출시광고(1903)

이런 털의 유용함 말고도 제모가 갖는 문제는 또 있다. 털을 뽑은 자리에 생기는 미세한 상처가 염증을 일으킬 수 있다는 것이다. 제대로 관리하지 않아 위생에 문제가 있는 면도기나 제모기 등이 염증의 원인이 되기도 한다. 코털을 뽑은 후 생긴 염증이 뇌까지 퍼진 일도 적지 않다.

요즘은 남성도 제모를 많이 하지만, 머리카락 외에 또 하나 예외가 있다. 바로 수염이다. 털은 그 시대의 문화를 반영해왔다. 고대이집트에서는 턱수염이 강력한 왕권의 상징이었고, 미켈란젤로가 그린 노아, 카라바조의 아브라함, 그리고 렘브란트의 모세 등 구약성경에 등장하는 중요한 인물들은 하나같이 수북한 수염을 자랑한다. 조선에서도 수염이 지위와 권력을 상징했고, 그 모양새가 사람의 됨됨이를 보여주는 것으로 생각했다. 물론 수염에도 자외선으로부터 피부를 보호하고 꽃가루나 먼지 등을 여과해 천식을 막아준다는 유용한 기능이 있다. 그러나 오늘을 사는 우리에게 수염은 기능보다, 권위보다, 신분보다 개성표현의 한 수단이다. 그래서인지 굳이 염증을 감수하고 털을 제거해야 하는지 의문이 든다. 많든 적든 있든 없든 다 개성이니 말이다. 현대는 개성시대 아닌가!

슬프지 않아. 그런데 눈물이 나

악어의 눈물. 거짓으로 꾸며낸 눈물이라는 의미가 있는 말이다. 실제로 악어가 먹이를 먹을 때 눈물을 흘린다. 하지만 이 눈물은 곧 죽음을 맞게 된 생명체에 대한 안타까움이나 미안함, 슬픔 따위가 결코 아니다. 입을 벌리면 저절로 침과 함께 눈물이 나오는 생태학적 구조의 산물이다. 악어 입을 움직이는 신경이 눈물신경과 연결된 탓이다. 슬픔이나 기쁨 때문이 아니라 마음과는 상관없이 흘리는 눈물인 것이다. 가짜 눈물, 위선된 행동을 비유하게 된 이유다. 사람은 슬플 때, 기쁠 때, 때론 격하게 웃을 때 눈물을 흘린다. 이 눈물에는 모두 감정이 반영되어 있다. 그런데 사람에게도 감정이 반영되지 않은 눈물이 있다. 그렇다고 악어의 눈물이라고 매도할 수도 없다. 그저 생리적인 현상이기 때문이다. 바로 하품할 때 나는 눈물이다.

하품을 하고 나면 눈에는 눈물이 그렁하다. 간혹 뺨을 타고 흐를 정도로 많이 나기도 하지만, 대부분은 눈꼬리에 살짝 맺힐 정도다. 그렇다고는 해도 어쩌다 하품 중에 누군가와 눈이라도 마주치면 입까지는 불굴의 의지로 벌리지 않았어도 영락없이 울기 직전으로 보여 민망할 따름이다.

피테르 브뤼헐의 〈하품하는 남자〉(16세기)

일반적으로 하품을 할 때 입을 크게 벌리고 아래턱 근육을 사용한다. 이때 턱 사이의 근육이 늘어나면서 눈 옆쪽에 위치한 '누낭'이라는 눈물주머니가 눌리게 된다. 이 때문에 그 안에 있던 눈

물이 배출되는 것이다. 입을 벌리지 않아도 마찬가지다. 입을 다
문 채 하품을 하더라도 안면근육이 움직이기 때문에 누낭이 자극
되어 눈물이 난다. 물론 하품을 연달아서 한다고 눈물이 매번 같
은 양으로 나는 것은 아니다. 하품에 의한 눈물은 하품이 계속될
수록 현저하게 줄어든다. 누낭에 들어 있는 눈물의 양이 한정되
어 있기 때문이다.

삶은 짧고, 하품하느라 낭비한 시간은
결코 되찾을 수 없다.

Life is too short, and the time we waste in yawning
never can be regained.

낭만주의의 대변자이자 발자크와 더불어 19세기 프랑스 소설
의 2대 거장인 스탕달(Stendhal)의 말이다. 스탕달이 말하는 하
품은 하릴없이 뒹굴뒹굴할 때 번지는 무료함과 나태함의 증거이
자 한시도 한눈팔지 말고 매진해야 한다는 충고를 위한 소재다.
그렇다고 하품이 무조건 나태의 증거나 결과이지는 않다. 피곤이
나 산소 부족으로 인한 생리적 현상일 수도 있으니까. 눈물이 안
구건조증도 막아준다지 않는가!

제일 강한 근육,
제일 억울한 근육

우시장에서 소를 거래할 때 소의 건강상태를 간단하게 확인하는 방법이 있다. 혀의 상태, 색깔, 냄새, 깨끗한 정도 등을 눈으로 확인하는 것이다. 혀를 통해 질병에 걸렸는지의 여부와 걸렸다면 어느 정도 진행되었는지까지 대략 파악할 수 있기 때문이다. 사람도 마찬가지다. 예전부터 의사, 특히 한의사들은 찾아온 환자의 혀를 관찰하고 통증, 색깔, 굳기 등 다양한 신호 등을 파악하려 했다. 실제로 건강한 사람의 혀는 산뜻한 분홍색 또는 약간의 흰색이 섞인 분홍색이지만, 몸에 이상이 있는 사람은 허연 설태(혓바닥에 끼는 이물질)가 많다거나 혀의 색깔이 비정상적으

혀로 인한 죄를 경계한 다윗(1225)

로 붉거나 창백하다거나 하는 이상상태를 보인다. 일례로 혀가 비정상적으로 빨갛고 반짝거린다면 악성빈혈이나 비타민 B2의 결핍·만성간염·위장장애 등을 의심할 수 있고, 반대로 창백하면 빈혈, 청자색이면 선천성 심장기형을 의심할 수 있다. 또한 한의학에서는 혀끝은 심장과 폐, 중간은 위와 비장, 뿌리는 신장, 양옆은 간장과 담의 건강상태를 반영한다고 말한다.

그런데 혀에는 비밀이 또 있다. 바로 근육 중 하나라는 것이다. 물론 가장 강한 것은 아니다. 그것은 궁둥이에 붙어 있는 근육, 즉 큰볼기근으로 불리는 대둔근(Gluteus Maximus)이다. 동물과 구분되는 인간의 특징인 직립자세를 유지하게 하고, 걸을 때 관절과 몸통이 굽는 것을 막아주며, 숙인 자세에서 몸을 들어 올리는 것을 가능하게 하는 근육인 만큼 강할 수밖에 없다. 때문에 잘 발달한 대둔근은 '아, 이런 게 근육이구나' 싶을 정도로 단단하다. 반면 혀 근육은 근육이기보다는 그냥 살덩이 같다. 또 말랑말랑하고 이리저리 구부리고 접어도 아무렇지 않을 정도로 유연하기까지 하다. 그러나 혀는 많은 일을 쉬지 않고 한다.

19세기 혀 근육 해부도

　먼저 음식물을 씹을 때 아래턱, 치아, 볼, 입술과 함께 작용하여 음식을 침과 섞고 골고루 씹을 수 있도록 도울 뿐만 아니라 입속을 채워 음식물이 목구멍으로 넘어갈 수 있게 돕는다. 또한 혀는 입속에서 소리를 만드는 데 도움을 준다. 혀가 없으면 음식을 씹는 것도 넘기는 것도 발음하기도 쉽지 않다는 의미다. 맛을 느끼는 감각기관이라는 중요한 역할도 하고 있다. 혀에 가득한 작은 돌기들에 3,000개나 되는 미각신경이 있어 (경계가 불분명하기는 하지만) 끝부분에서는 단맛과 짠맛을, 뿌리에서는 쓴맛을,

그리고 양옆에서는 신맛과 역시 짠맛을 느끼는 것이다. 그 외에도 1분에 0.3~0.5㎖, 1시간에 20~30㎖ 분비되는 침으로 인해 자는 동안 익사하는 불행이나 베개에서 홍수가 나는 민망함이 없도록 침을 삼키는 일도 혀가 해낸다.

혀는 눈에 보이는 건 고작 9~10㎝ 정도지만, 목에서 시작된 8개의 근육이 엉켜 있는 것을 생각하면 전체 길이는 30㎝가 넘는 근육덩어리다. 그것도 심장과 턱 근육과 함께 인체에 있는 수많은 근육 중에 크기(굵기) 대비 강력한! 게다가 다른 근육들처럼 뼈와 다른 근육에 붙어서 상호작용을 통해 힘을 얻는 것과 달리 고작 한 부분만을 제외하고는 어디 하나 닿아 있는 곳이 없어 늘어지는 모양새를 하고 있음에도 어느 근육보다 섬세하고 자유자재로 움직인다. '곳곳에 혈액공급'이라는 사명을 띠고 있는 생명유지장치 심장만큼이나 쉬지도 않는다. 말을 하지 않고 먹지 않더라도 침을 삼키는 일을 멈출 수는 없는 노릇이기 때문이다. 혀가 쉬는 날엔 그야말로 침을 질질 흘리고 있어야만 할 테다. 그런 덕분에 태생 자체는 아니었더라도 훈련으로 강해질 수 있는 것처럼 혀 근육의 조직은 꾸준히 운동해온 팔뚝만큼이나 강하게 단련되어 있다. 물론 천하무적은 아니다. 턱관절에 붙어 있는 근육의 힘과 치아 절삭력이 협업하면 잘릴 수도 있다. 그렇다고 해도 혀가 운동을 많이 하는 근육이라는 것과 그로 인해 '강하다'는 의미가 무색하지 않을 정도로 조직이 촘촘하다는 것은 분명하다. 이런 물리적 사실 외에도 혀가 '강하다', '세다'의 이미지를 갖게 된 데에는 혀가 구현해내는 '말'의 영향이 크다.

혀는 능히 길들일 사람이 없나니 쉬지 아니하는 악이요
죽이는 독이 가득한 것이라

– 야고보서 3장

말을 조심해야 한다는 것이지만, 사람을 해칠 수도 보호할 수도 있는 말에 부여된 무형의 책임을 유형의 혀에 전가한 측면이 없지는 않다. 하지만 동양에서도 "입은 곧 재앙의 문이요, 혀는 곧 몸을 자르는 칼이다(口是禍之門 舌是斬身刀, 풍도(馮道)의 《전당서(全唐書)》)"라고 했으니, 강함에 고마워해야 하고 강함에 경계해야 하는 것, 그것은 혀가 아닐까?

삐~삐~·꾸르륵꾸르륵, 몸이 보내는 경고

얌전하게 운전하고 있는데 옆 차가 방향지시등도 켜지 않고 갑자기 내 차를 향해 고개를 틀면 "빵빵" 경음기로 신호를 날린다. "조심하세요" 하고 좋은 말로 저지하거나 어깨나 팔을 툭 치며 경고할 수는 없으니까. 물론 마음속으로든 입 밖으로든 평소에는 즐기지 않는(?) 험한 언어는 덤이고 말이다. 욕까지는 몰라도 몸도 위험을 느낄 때 신호를 보낸다. 신호의 방법도 다양해서 눈의 색깔이나 손톱 색이 변하기도 하고, 없었던 반점이 나타나기도 하고, 눈 밑이나 입가 같은 특정 부위가 떨리기도 한다. 그러나 많은 신호 중에서도 가장 눈에 띄면서도 확실한 건 소리다.

몸이 제발 좀 알아달라고 보내는 신호는 몸 여기저기에서 나는데, 개중에는 "꼬르륵"처럼 일상적인 것도 있고 '이명'처럼 몸에 이상이 있음을 알리는 SOS도 있다. 기관지나 폐에 문제가 있을 때는 기침으로, 후두나 갑상샘의 문제는 쉰 목소리로, 관절에 이상이 있을 때는 기름칠 안 한 경첩에서나 날 법한 삐거덕대는 소리로…. 코를 고는 것도 비강, 인두, 후두 쪽 근육이 늘어졌다는 이상신호다. 또 배가 고프지도 않은데, 특히 아랫배 쪽에서 시도 때도 없이 "꼬르륵"이든 "꾸르륵"이든 소리가 난다면 과민성대장 증상처럼 장에 문제가 있거나 갑상샘 질환이 있을 수 있다. 물론 정상적인 "꼬르륵"도 밥때가 되었으니 어서 빨리 뭐든 먹으라고 외치는 위의 외침이다.

그중에서 현대인 75% 이상이 경험하는 몸의 비명이 있다. 이명이다. 이명(耳鳴)은 귀의 울음이란 뜻으로 우리말로는 '귀울림'이라고 하는 질환이다. 이명을 가리키는 영어 'Tinnitus' 역시 '울린다'라는 뜻을 가진 라틴어 'tinnire'에서 유래했단다. 외부자극, 즉 외부에서의 발생한 소리가 없는데도 귓속 또는 머릿속에서 소리를 느끼는 현상이다. 원인도 난청, 과로, 스트레스, 머리 외상, 청신경 종양, 중이염, 턱관절 기능장애, 이관 기능장애 등으로 다양한데, 환자가 느끼는 소리의 종류도 다양해서 어떤 사람은 매미나 귀뚜라미 울음소리부터 물 흐르는 소리, 바람소리, 종소리, 망치질하는 소리, 압력밥솥에서 스팀이 빠지는 소리, 벌 날갯짓소리, 심지어 쇠가 갈리는 소리가 들린다고도 한다. 많은 경우의 수로 전기장치에서나 날 법한 "삐~"하는 고주파소리를 듣기도 한다. 이상증상이 있는 위치나 증상의 정도에 따라 소리도 달라지는 까닭이다.

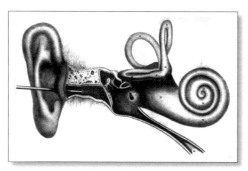

19세기 귀 해부도

가늘고 높은 소리가 길게 나는 것은 달팽이관이나 청신경에서 이상이 발생했다는 신호이고, 맥박처럼 일정한 간격을 두고 '웅~웅!~'거린다면 귀 주위 혈관이 늘어났거나 귀 근처 동맥·정맥 사이에 비정상적인 통로인 동정맥루가 생겼다는 신고이며, 입을 벌릴 때마다 귀에서 '딱닥, 두둑' 하는 식의 소리가 난다면 그것은 중이에 존재하는 근육 혹은 구개근(입천장근)에 문제가 생겼다는 신호다.

자동차 명장은 엔진소리만 듣고도 80% 이상 어떤 문제가 있는지 알아챈다고 한다. 의사도 신체 각 기관에서 나는 소리로 질병을 짐작한다. 그만큼 소리는 진단하는 데 가장 기초적인 수단이다. 게다가 몸은 어리광쟁이만큼이나 앓는 소리를 낸다. 알아차리지 못하는 건 내 몸에 무심하고 어리석은 사람일 뿐이다.

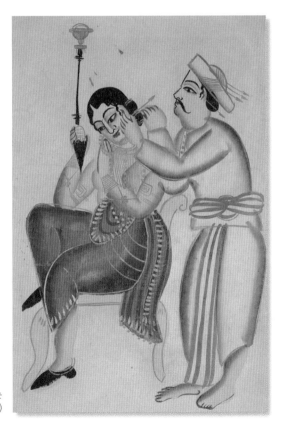

〈여성의 귀를 청소하는
이발사〉(19세기, 인도)

? 2부

특별한 동물사파리

독사도
제 독에 죽을까?

지구에는 사람이 사는 섬보다 살지 않는 섬이 더 많다. 그런 섬들 대부분은 식수로 쓸 물이 없거나 집을 짓고 살 만한 터전이 없을 정도로 척박하거나 작다. 사방이 천애 절벽이어서 상륙 자체가 힘든 경우도 있다. 그런데 배를 댈 만한 해변도 있고, 작지만 샘도 있어 마실 물이 없지도 않음에도 무인도로 유지되는 섬이 있다. 1920년 부임해 온 등대지기와 그의 가족이 이주 일주일 만에 사망한 채 발견된 이후로 '살지 않는'이 아니라 '살 수 없는' 섬이 되어버린 곳이다. 브라질 상파울로주 해변에서 약 33㎞ 지점에 위치한 섬, 케이마다그란데. 주인도 없지만 아무나 상륙할 수가 없다. 혹여 상륙한 사람이 있더라도 그를 맞는 건 '무단상륙을 강력히 금지한다'는 살벌한 팻말뿐이다. 섬 주인 자리를 차지하고 있는 4,000여 마리의 보스롭스 인수랄리스라는 독사들 때문이다. 섬의 $1m^3$마다 서너 마리꼴로 서식한다는 이 뱀의 길이는 7㎝ 정도밖에 되지 않지만, 그 독은 대륙의 뱀보다 무려 다섯 배나 강해서 사람의 피부를 녹여버릴 정도란다. 설치류마저도 멸종해버린 섬에서 한 번의 공격으로 새들을 잡기 위해 독성이 강해졌다고 한다.

그런데 한정된 공간에 과밀한 데다가 먹이마저 부족한 상황에 처한 생명체는 살기 위해 종족을 가리지 않고 공격하기 마련이다. 인간도 다르지 않다. 따라서 추운 지방의 동면하는 뱀을 제외하고는 대부분 단독생활을 하는 뱀의 특성을 고려할 때 $1m^3$마다 서너 마리가 똬리를 튼 상황에서 먹이마저 부족하다는 것은 그야말로 극한 상황이다. 그런데도 여전히 그 개체수는 4,000마리가 넘는다. 별난 종족애로 서로를 공격하지 않아서? 아니다. 그들의 독이 서로에게는 아무런 해가 되지 않기 때문이다. 다른 종의 독사에게 물렸을 경우 해독에 어려움을 겪기도 하지만 죽기까지 하는 일은 드물다. 면역력을 가지고 있기 때문이다. 이는 다른 뱀들도 마찬가지다. 반면 성인을 15분 만에 사망에 이르게 하는 코브라는 오히려 남들 다 가진 그 면역력이 없어서 동종 간이라도 물리면 죽기도 한다. 특이한 점은 혈관에 침투해 사망에 이르게 하는 뱀독이 위에서는 대부분 분해가 가능하다는 점이다. 뱀독을 먹어서는 웬만하면 죽지 않는다는 말이다. 뱀독의 유효성분인 펩타이드(단백질)가 여타의 단백질처럼 위와 장에서 분해되기 때문이다. 분해, 즉 분자구조가 파괴되면서 독으로서의 위상을 잃고

일개 단백질 성분으로 전락하는 것이다. 온종일 제 독을 삼키고, 또 제 독에 중독된 먹이를 먹으면서도 뱀이 독으로 인해 죽지 않는 이유도 이 때문이다. 물론 충치라든가 구내염, 또는 입안에 상처가 있다면 독은 소화되기 전에 혈관으로 퍼져 본래 역할을 완벽하게 수행할 수 있다. 한편 뱀은 혀와 치아가 서로 맞물려 있는 구조여서 물 수도 없지만, 설사 제 독니에 찔린다고 해도 면역력 때문에 죽을 리도 없다.

미켈란젤로의 〈아담과 이브〉
(로마 바티칸의 시스티나
성당 천장화)

모기에게도
취향은 있다

2016년 여름, 브라질 리우데자네이루 하계올림픽을 앞두고 비상이 걸렸다. 소두증 및 기타 다양한 감염병인을 유발하는 지카바이러스(Zika-virus)가 브라질을 중심으로 전 세계에 퍼졌기 때문이다. 이전까지는 아프리카, 동남아, 태평양 섬 지역에서만 발생한다고 보고되던 지카바이러스였다. 그런데 2015년 5월 브라질에서 처음으로 보고된 후 상황이 급변했다. 보고 8개월 만에 브라질에서만 150만 명이 감염되었고, 세계적으로는 53개국에서 환자가 발생했다. 물론 치사율이 높거나 중증도가 심한 건 아니었다. 그러나 임산부가 지카바이러스에 노출되면 태아의 두뇌성장이 방해를 받아 소두증과 같은 선천성 뇌기형을 유발할 위험이 크다는 게 치명적이었다. 실제로 2016년 1월까지 200명 이상의 신생아에게서 소두증이 확인되었다. 결국 각국은 올림픽에 참가해야 하는지를 두고 고심해야 했다. 지카바이러스의 매개체를 원천적으로 막을 방법이 없는 만큼 누구도 안전하다 장담할 수 없었기 때문이다. 매개체라는 게 바로 언제 어디서 당했는지도 모르게 숙주가 되는, 기껏해야 윙 하는 소리로만 공격성을 드러내는 모기인 탓이다.

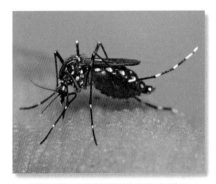

지카바이러스 매개체로 알려진 이집트숲모기

모기는 지카바이러스뿐 아니라 다양한 병원균을 옮긴다. 그것도 말라리아, 뎅기열, 황열병, 뇌염 등 듣기도 무서운 치명적인 것들로만! 괜히 '지구상에서 가장 치명적인 동물 중 하나'라고 불리는 게 아니다. 특히 말라리아는 평균적으로 매년 2억 9,000만여 명을 감염시키고 40만 명 이상을 죽음에 이르게 한다. 코로나19로 제약사들이 관련 백신에 치중한 상황에서 글로벌공급망마저 붕괴한 2020년에는 세계 85개국에서 약 62만 7,000명이 사망했다. 지구상에 태어났던 모든 누적 인류 개체수의 3%가량인 약 30억 명이 말라리아로 사망했다고 추측하는 연구자료도 있다. 오죽하면 '인류의 공적 No.1 전염병'이라고까지 불릴까.

모기는 흡혈하는 과정에서 동물에게 얻은 병원균을 사람에게 옮기고, 또 말라리아 환자의 피를 빤 모기가 또 다른 흡혈을 하면서 다른 사람에게 병원균을 옮긴다. 그런데 흡혈을 하는 건 산란을 앞둔 암컷모기뿐이다. 보통 수컷이나 산란기가 아닐 때의 암

말라리아 병증을 묘사한 《캔터베리 이야기》의 삽화(14세기)

컷은 보통 수액이나 과즙을 먹는다. 식사를 위해서는 과즙을, 산란을 위해서는 피를 먹는다는 말이다. 심지어 식사는 그냥 입으로, 흡혈은 뾰족한 탐침을 피부에 꽂아서 한다.

그런 모기에게도 취향은 있다. 미(美, 아름다움)적 취향이 아니라 미(味, 맛)적 취향이다. 국제학술지 〈뉴런(Neuron)〉에 발표된 연구보고서에 의하면 인간의 피를 빠는 암컷모기는 혈액 내 최소 네 가지 다른 물질의 조합을 검출하기 위해 특별한 미각을 지니고 있단다. 그 외에도 흡혈하려는 모기는 일단 움직이는 물체를 눈으로 탐색한다. 그리고 더 짙은 색의 대상에게 다가간다. 이때 후각은 암모니아 냄새와 이산화탄소 농도를 확인해 더 짙은 쪽으로 향하게 돕는다. 그 다음에는 살아 있는지 체온을 살피고는 높은 체온의 대상에게 탐침을 꽂는다. 검은색·갈색·청남색 등 짙은 색의 옷을 입은 사람이, 신진대사가 활발해 땀이 많은 사람이, 이산화탄소를 많이 내뿜는 임산부·어린아이·비만인 등이, 운동을 했거나 술을 마셔서 체온이 높은 사람이 모기의 취향인 셈이다. 아주 확고한 취향이다. 여기에 O형인지, A형인지는 중요하지 않다.

물리면 가렵고, 치명적인 병까지 옮기며, 심지어 취향에 따라 고르기까지 하니 여간 고약하고 성가신 게 아니다. 그렇다고 지구상에서 완전히 박멸시킬 수는 없다. 모기가 멸종한다면 모기의 유충인 장구벌레를 주된 먹이로 하는 새, 박쥐, 물고기, 개구리 등의 생존을 장담할 수 없기 때문이다. 또한 21세기 들어 꿀벌이 사라지고 있는 상황에서 벌이 하던 꽃가루수분을 대신하고 있는 모기의 멸종은 식물 수만 종의 멸종으로 이어질 가능성이 크다.

모기가 집단서식하는 통에 인간이 들어갈 수 없는 아프리카 밀림도 인간의 욕망에 의해 파괴될 것 또한 불 보듯 뻔하다. 아무것도 하는 일 없어 보이는 징그러운 바퀴벌레가 멸종되면 죽은 동물의 사체와 고사된 나무들로 넘쳐나게 되는 것과 마찬가지다. 결국 취향에 부합하지 않기 위해 밝게 입고 자주 씻고 숨을 덜 쉴 밖에….

모기 문양이 새겨진 마야의 담배용기
(600~800)

바다의 구미호는
백상아리의 간만 노린다

기원전 492년, 사령관 마르도니우스를 앞세운 페르시아는 그리스 침공을 순조롭게 진행하고 있었다. 거침없이 이오니아제도의 군주들을 축출했고, 마케도니아인을 노예로 삼았다. 그러나 마르도니우스의 행운은 오래가지 않았다. 그가 이끄는 300여 척의 함대가 거센 북풍에 휘말려 절벽에 부딪히면서 침몰한 것이다. 불운은 또 있었다. 물에 빠진 2만여 명의 병사들을 노린 게 포악해질 대로 포악해진 바다와 바람만이 아니었던 것이다. 그리스 역사가 헤로도토스는 그것을 '바다괴물'이리고 칭했다. 지구상에서 가장 악명 높은 상어의 첫 등장이었다.

오래전부터 상어에게는 폭군, 무법자, 약탈자라는 위명이 따랐다. 그런데 좀 억울하다. 전체 440여 종이나 되는 중에 인간을 공격하는 건 백상아리나 뱀상어, 황소상어와 같이 극히 위험한 3종을 포함해 10여 종 남짓이기 때문이다. 바다의 최상의 포식자라는 수식어도 적절치 않다. 평균 길이 4m나 되는 백상아리 다섯 마리를 집단으로 죽일 수 있는 포식자가 엄연히 존재하기 때문이다. 그것도 토끼 간만을 노린 동해용궁의 용왕처럼, 사람이 되기 위해 100명의 간이 필요했던 꼬리 아홉 달린 천년 구미호처럼 백상아리의 간만을 빼 먹는 포식자가 있다. 심지어 배가 고프지 않아도 재미 삼아 사냥을 한다. 돌고래만큼이나 사람과 친숙하다고 알려진 범고래다.

공작과 상어의 대결을 그린
16세기 영웅서사시의 삽화

범고래(Killer Whale)는 평균 길이 8m에 무게 8t까지 자라는 바다의 거대 포유류로 물고기는 물론이고 펠리컨, 갈매기, 펭귄, 물개, 심지어 돌고래나 상어까지 닥치는 대로 잡아먹을 만큼 왕성한 식성을 자랑한다. 또 무리를 지어 전술적인 사냥을 펼칠 만큼 지능도 높고, 재미로 사냥을 할 만큼 잔인하다. 지구상에 현존하는 가장 큰 동물로 알려진 대왕고래도 범고래의 집단공격 앞에서는 한낱 먹잇감으로 전락할 수밖에 없다. 사실상 바다에서 천적이 없는 최상위 포식자나 다름없다. 이름에 호랑이를 뜻하는 범(虎)이나 살인청부업자를 뜻하는 'Killer'가 들어가 있는 게 결코 우연이나 장난이 아니라는 말이다. 특히 상어의 간을 좋아하는데, 가족 단위로 수천㎞씩을 이동하며 사는 범고래에게 300㎏

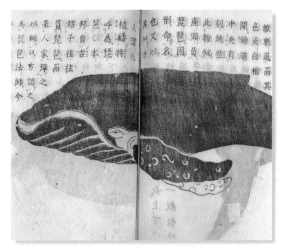

19세기 일본 고래잡이
논문에 실린 혹등고래

일본의
범고래 점토(BC.3000, 오른쪽)와
페루 나스카 지역의 범고래 채색점토

이나 되는 백상아리의 간은 가오리 간 175개와 맞먹는 영양식이
다. 에너지원으로서나 가성비에 있어서나 최고인 셈이다. 게다가
꼬리공격으로 기절시킨 후 살아 있는 상태에서 간을 빼먹는다니
바다 구미호라 불릴 만하다. 그런데 이런 범고래가 특이하게도
사람에게만은 우호적이다. 공격은커녕 익사 위기에 빠진 사람을
구해준 경우도 많다. 이 때문에 학자들은 범고래가 인간을 고등
동물로 인지하고 있다고도 하고, 또는 과거 학살당한 기억 때문
에 인간을 건드려서는 안 되는 존재로 인식하고 있다고도 한다.
그러나 아직까지는 모두 가설일 뿐이다. 한입거리도 안 되는 간
크기 때문은 아니겠지?

대머리독수리는
대머리가 아니다?

1782년, 미국은 국조(國鳥)를 정하는 것을 두고 논쟁이 벌어졌다. 로마제국의 정통성을 계승한다는 의미에서 유럽 강대국(독일, 러시아)들처럼 독수리를 사용하되 그들의 검은독수리를 흰머리수리로 대체하자는 데 힘이 실렸다. 그러나 반대도 만만치 않았다. 특히 독립의 기틀을 마련하는 데 큰 힘을 보탠 벤저민 프랭클린은 영국을 상징하는 새인 '킹스 버드(King's Bird)',

미국 대통령 문장

즉 까마귀에게 쫓겨만 다니는 볼품없는 새라는 이유로 강력하게 반대하며 칠면조를 국조로 삼아야 한다고 주장했다. '제 농장(영역)을 침범한 이에게 앞뒤 안 가리고 덤벼드는 용감함을 본받자'는 것이었고, '북아메리카 원주민이 환영의 의미로 칠면조를 대접해주었기 때문에 이민자들이 북아메리카에서 정착하고 마침내 미국을 건설할 수 있었다'는 의미에서였다. 그에 조류학자 존 제임스 오듀본은 칠면조를 다혈질에 품위 없고 냄새나며 날개도 볼품없는 천박한 새라고 조롱했다. 두 사람의 논쟁은 하루는 프랭클린의 주장이, 하루는 오듀본의 주장이 신문에 게재되면서 점차 서로에 대한 비난과 조롱으로까지 번졌다. 최종적으로 국조의 영광은 독수리에게 돌아갔지만, 이후에도 이 결정에 대한 불만은 끊이지 않았다.

미국의 국조
흰머리수리

머리털이 없는
유라시아 검독수리

　일단 독수리들은 자동차 경음기 같은 시끄러운 울음소리로 소음을 일으켰고, 마당에 있는 반려견·반려묘들을 호시탐탐 노렸다. 그러니 이미지가 좋으려야 좋을 수가 없었다. 게다가 독수리는 약한 새들을 괴롭혔고, 직접 사냥하기보다 다른 새가 사냥한 물고기를 강탈하거나 남이 먹다 버린 사체를 주로 먹었다. 힘으로 식민지를 확대하고 지켜나갔던 제국주의 강대국들과 똑같았던 것이다. 결국 국조논쟁 당시만 해도 미국은 영국의 식민지였다가 갓 독립한 약소국에 지나지 않았기 때문에 불량한 이미지의 독수리가 입맛에 맞지 않았다. 그러나 대부분의 미국인이 독수리와 인접해 살지 않았던 탓에 시간이 지나면서 불만이 줄어들었고, 외양에서 비롯한 힘과 제왕의 이미지 덕에 국조의 지위를 오늘까지 유지하고 있다.

실제로 미국의 국조는 북아메리카에 존재하는 다양한 최상위 포식자 중 하나다. 흰머리수리, 영어로는 'Bald Eagle'이라고 한다. 그래서 우리말로 대머리독수리로 지금껏 불려왔다. 그런데 아무리 봐도 대머리가 아니다. 반들반들해야 할 머리에는 눈부시게 하얀 깃털만 수북하다. 'Bald Eagle'의 'bald'가 하얗다는 뜻을 가진 고대영어 'balde'를 어원으로 한다는 것을 모르고 곧이곧대로 '대머리'로 잘못 번역한 것이 굳어진 데서 온 오해다.

한 가지 더! 독수리라고 할 때 '독'은 대머리를 뜻하는 한자 '禿'이다. 독수리라고 하는 게 곧 '대머리수리'를 말하는 것이다. 따라서 대머리독수리라는 말에는 '대머리 + 대머리 + 수리'처럼 동의어를 반복하는 오류까지 있다. 설사 대머리라고 해도 '대머리독수리'가 아니라 '대머리수리'라고 하는 게 맞다. 대머리도 아니지만, 실제 대머리라 해도 두 번이나 확인해줄 것까지야 없으니 말이다.

둥지도 빼앗기고
이름도 빼앗기고

2018년 봄, 탈모인들은 일본에서 전해진 소식에 희망을 품었다. 발모에 관한 연구를 이어왔다고 주장하는 일본의 유명 헤어 컨설턴트가 "소의 침이 최고의 발모제"라고 발표한 것이다. 그는 나고야대학에서 실시한 쥐를 통한 실험결과를 근거로 시알산이 발모에 탁월한 효과가 있음이 입증됐다고 했다. 머리숱이 없는 사람의 두피에 당단백질 및 당지질의 구성당으로 널리 발견되는 아미노당의 일종인 시알산(Sialic Acid) 성분을 6개월간 바른 결과 4명 중 3명이 효과를 봤는데, 바로 이 시알산이 소의 침에 인체 대비 100배나 많이 함유되어 있다는 것이다. 더 나아가 그는 사람의 침에도 소량이지만 시알산이 함유되어 있어서 "껌을 씹거나 탄산수를 마시는 것만으로도 발모효과를 볼 수 있다"고 주장했다. 그러면서 시알산을 함유한 것을 하나 더 언급했다. 바로 제비집이다. 제비집이 함유한 시알산은 인체 대비 무려 2,000배나 되며, 그 외에도 피부미용에 좋은 EGF(표피증식인자, 상피세포의 증식을 촉진하는 펩타이드의 일종)와 피부탄력을 유지하는 FGF(선유아세포증식인자, 상처치유 및 세포증식을 촉진하는 단백질 무리)도 다량 함유하고 있어 최고의 발모제가 될 수 있다고 했다. 그러나 손바닥 크기만 한 500g 제비집의 가격이 100만 원을 호가하는 걸 생각하면 비싸도 너무 비싸다. 그런 의미에서 소의 침은 함량이 상대적으로 적기는 하지만 가성비 최고의 대체재라는 것이다.

요리재료로 손질된
제비집

예나 지금이나 제비집은 귀하고도 비싼 요리재료다. 대기의 질이 지금보다 깨끗하던 시절 우리에게 제비가 흔한 철새였던 것을 생각하면, 처마마다 한 개씩은 꼭 있었던 제비둥지를 생각하면 이해할 수 없는 위상이다. 하지만 "왜?"라는 질문의 답은 간단하다. 우리가 아는 제비와 요리에 사용하는 둥지를 만든 제비(칼새)가 다르다는 것만 알면 말이다. 중국에서는 칼새를 위옌(雨燕 또는 金絲燕)이라고 하는데, 이때 '燕'이 제비를 뜻하기 때문이다. 제비와 흡사한 외형과 생활방식 때문이기도 하다. 다만 바다 근처가 주요 서식지라는 점을 들어 굳이 바다제비라고 구분해 부르기도 하지만 이 역시도 틀린 이름이다.

제비집 진짜 주인의 이름은 참새목 · 참새과에 속하는 제비와도, 슴새목 · 바다제비과에 속하는 바다제비와도 전혀 다른 새, 칼새목 · 칼새과 칼새(Swift)의 한 종류인 흰집칼새다. 제비집으로 불린 이유는 그들의 둥지가 제비의 그것과 닮았다는 단순한 이유에서다. 바닷가 절벽에 사는 흰집칼새의 둥지를 세상에 알린 사람은 진시황으로 잘 알려진 중국 최초 통일제국의 통치자 시황제의 명을 받고 늙지 않는 영약을 찾기 위해 수천 명의 소년 · 소녀와 함께 대륙의 동쪽으로 떠났던 서복(徐福)이었다. 하지만 정작 제비집을 유명하게 한 이는 청나라 건륭황제다. 그가 89세까지 장수할 수 있었던 게 바로 제비집으로 만든 수프를 매일 아침

공복에 먹었기 때문이라나 뭐라나. 제비집 하면 미용을 위해 평소 일곱 가지의 제비집 요리를 먹었다는 청나라 말기 서태후도 빠질 수 없다.

청나라 말기 권력실세 서태후

그런데 흰집칼새는 내륙에 살다가 봄에 남쪽 해안으로 이동하는 철새로 주로 수백m에 이르는 해안절벽이나 높은 산의 암벽에 둥지를 튼다. 특히 요리재료로 사용하는 제비집은 6~7월 산란기를 대비해 수컷이 4~5월에 해초에 침과 분비물을 섞어 만든 것을 최상품으로 친다. 채취하기도 어렵고 시기도 한정적인 데다가 제비집 하나를 채취해도 불순물을 제거하고 나면 고작 5g밖에 되지 않는다. 게다가 불순물을 제거하는 과정이란 게 물에 불린 제비집을 붙들고 사이사이에 엉겨 있는 털이나 해초를 핀셋으로 하나하나 골라내는 작업이다. 수요보다 공급이 적고 100% 수작

절벽에 둥지를 튼
흰집칼새

업에 노동력도 많이 드니 비쌀 수밖에 없다. 그래서 중국이나 동
남아 시장에서는 다른 새의 둥지를 흰집칼새의 둥지로 속이는 일
이 많다. 심지어 펀스(粉丝)라고 하는 가는 실 모양의 당면을 버
젓이 제비집이라고 내놓기도 한다. 미미한 단맛 외에 특별할 것
도 없는 맛도 맛이지만, 제비집의 채취가 칼새에게는 번식의 박
탈을 의미이기도 하고 시중에 유통되는 제비집의 50% 이상이 가
짜라는 것을 생각하면 굳이 제비집에 목맬 이유가 있을까 싶다.
먹는다고 100년 사는 것도 아닌데….

벌은 침을 쏘고 나면
다 죽는다?

너 또한 자식에게 왕좌를 빼앗기리라.

아버지 우라노스를 낫으로 공격해 왕좌를 빼앗은 크로노스는
이 예언을 받고 두려움 속에서 자식이 태어나는 족족 한입에 꿀
꺽 삼켜버렸다. 참다못한 아내 레아는 동굴에서 몰래 아이를 낳
은 후 남편 크로노스에게는 포대에 싼 돌덩이를 아이 대신 건네
줬고, 그렇게 목숨을 건진 아이는 반신반인 쿠레테스의 돌봄 속
에서 아말테아(염소)의 젖과 벌꿀을 먹으며 자라 마침내 예언대
로 아비를 죽이고 신들의 왕이 되었다. 제우스다.

벌에서 꿀을 얻어온 인간의 역사는 신화에서뿐 아니라 8,000년 전 것으로 추정되는 스페인 발렌시아 지방의 동굴 벽화에서도, 고대이집트 피라미드 벽화에서도, 사라져 버린 그리스문명의 유적에서도 확인할 수 있다. 그만큼 꿀은 오랜 세월 인류의 귀한 먹을거리였다. 하지만 자연에서 얻는 데에는 한계가 있었기 때문에 자연상태의 벌집을 채취해 와 벌을 기르는 양봉으로 변화했다. 여기에 중세시대에 각종 기독교 제의로 인해 양초의 원료인 밀랍의 수요가 증가하자 양봉은 포도주와 더불어 수도원의 핵심사업이 되었다.

8,000년 전 야생꿀 채취를 묘사한
스페인 발렌시아 거미동굴(Cave of Spider) 벽화 실물(왼쪽)과 모식도

여성의 머리와 몸통. 벌의 하체와 날개를 가진
그리스신화 속 꿀벌의 수호님프 트리에를 표현한 금판
(BC.700, 그리스 로도스섬)

오랜 세월 인류와 함께해왔지만 벌은 여전히 두렵고 조심스러운 존재다. 마치 생각을 가진 구름처럼 무리 지어 공격하는 습성에 대한 두려움이다. 실제로도 1년 동안 독사에 의한 인명피해보다 벌들에 의한 피해가 더 크다. 하지만 지구상 2만 종이 넘는 벌들 중 대부분 단독생활을 하고 무리를 짓는 종은 겨우 500여 종뿐이다. 그나마도 모두 침 공격을 하는 것도 아니어서 침을 쏘는 벌보다 이로 깨무는 벌의 종류가 훨씬 많다. 심지어 침을 쏘더라도 그 한 번의 대가가 죽음인 경우가 많다. 벌침은 날카로운 이빨도 없고, 알레르기 외에는 죽음에 이르게 할 만큼 강력한 독성도 없는, 가진 것이라고는 떼거리가 풍기는 위압감뿐인 꿀벌들이 죽음을 걸고 내던지는 마지막 몸부림의 수단이라 할 수 있다.

꿀 채취는 선사시대에 이미 양봉으로 전환되었고,
양봉은 중세 말기 수도원의 주된 수입원이었다.

꿀벌들이 침을 쏜 후 죽는 이유는 침의 모양 때문이고, 침이 내장과 연결이 되어 있어서다. 일단 침 끝이 갈고리 모양으로 휘어 있어 일단 피부에 박히면 빼내기가 어렵다. 이를 강제로 빼는 과정에서 침이 몸과 분리되는데, 이때 침과 연결되어 있는 내장도 딸려 나오게 된다. 즉, 단순하게 침을 잃어서 죽는 게 아니라 내장이 빠지면서 생긴 상처와 세균감염으로 죽는 것이다. 물론 말벌은 침을 쏘고도 죽지 않는다. 이 역시 침의 모양에 그 비밀이 있다. 꿀벌과 달리 침 끝이 일자로 매끈하게 뻗어 있어 피부에 박히더라도 빼내기가 쉬운 것이다. 때문에 침을 쏘았다고 죽지도 않고 심지어 여러 번 쏠 수도 있다. 또한 일반 벌들보다 독성도 약 15배 정도 강해서 여러 번 쏘이거나 떼로 공격을 받으면 자칫 치명적인 피해를 입을 수도 있다. 한번 쏘였다고 방심했다가는 큰코다칠 수도 있다는 말이다.

1935년 미국
어린이 잡지 표지

개
풀 뜯어 먹는 소리의 오류

개 풀 뜯어 먹는 소리!

'말도 안 되는 소리', '이치에 맞지 않는 말'이라는 의미가 있는 속담이다. 이 속담의 기저에는 '개는 풀을 먹지 않는다'는 판단이 깔려 있다. 개가 육식동물인 늑대와 조상이 같은 동물이기 때문이기도 하고, 다른 초식동물처럼 질긴 섬유질을 소화하기 위해 되새김질을 하지도 않거니와 넓고 큰 어금니들도 없기 때문이다. 하지만 개는 사람과 함께 살면서 잡식동물화했다. 잡식인 사람이 고기 외에 쌀 등 사람이 먹는 모든 것을 먹이로 제공했기 때문이

가스통 페뷔스가 쓴 《사냥서(Livre de la Chasse)》의 삽화(15세기)

다. 충분한 먹이가 제공되는 상황에서 다른 먹을거리에 눈을 돌릴 이유는 없다. 그러다 보니 개가 풀을 먹는, 일종의 개의 채식은 좀처럼 보기 어려운 일이었고, 설혹 풀을 뜯는다고 해도 놀이나 재미 이상의 것으로 받아들여지지 않았다.

하지만 결론부터 말하자면 개는 풀을 먹는다. 물론 이의 구조상 풀을 잘게 씹을 수 없어 그대로 삼키지만 먹는 것은 분명하다.

단순히 놀이이기도 하고, 특이한 냄새에 대한 호기심 때문이기도 하다. 스트레스의 표출일 때도 있다. 또한 체내에 섬유질이나 엽산이 부족할 때, 소화가 잘 안 되거나 속이 불편해서 구토하고 싶을 때 풀을 먹는다.

문제는 바로 이 구토를 위한 채식이다. 길가의 풀에 묻어 있을 수 있는 각종 오염물질, 기생충, 세균이 개에게 독성으로 작용하거나 질병을 일으키기 때문이다. 그 전에 풀을 먹는 것 자체가 이미 질병에 노출되어 있다는 의미일 수도 있다. 위장기능에 문제가 생겼거나 기생충에 감염된 경우 구토를 유발하기 위해 풀을 삼키기 때문이다. 한편 육식성인 고양이도 풀을 먹는다. 몸속 기생충을 없애려는, 또는 털을 손질하면서 삼킨 털뭉치(헤어볼)를 토해내려는 본능에 기인한 행동이다. 이쯤 되면 '개 풀 뜯어 먹는 소리'는 있을 수 없는 일이 아닌 당연한 일, 마땅히 그러한 일을 뜻하는 의미로 사용해야 하는 것 아닐까?

중세 고양이 삽화

기계 따위!
최고의 지진 탐지기

2008년 봄 중국 쓰촨성, 쓰촨대학 국가지정 연구실 소속 생체리듬 연구팀은 8마리 쥐를 38일 동안 관찰하는 실험을 진행하고 있었다. 그런데 초반 18일 동안 별다른 변화 없이 동일한 행동을 반복하던 쥐들이 19일째 날인 5월 11일 이상한 증세를 보이기 시작했다. 8마리 중 6마리의 쳇바퀴 돌리는 속도가 평상시 25% 수준으로 급감했고, 생체리듬 정확도도 20%로 곤두박질한 것이다. 이보다 앞선 9일에는 수십만 마리의 두꺼비들이 도로를 뒤덮고 이동하는 진기한 현상도 있었다. 그리고 실험 시작 20일째였던 12일 14시 28분 쓰촨시 인근 원촨에서 리히터 규모 8.0의 강진이 발생했다. 부상자 40만여 명에 실종자를 포함한 사망자도 8만 명에 달했고, 무너진 가옥으로 이재민만 500만 명 발생했다. 이때 사람들은 최첨단의 장비들을 가지고도 언제, 어디서, 어느 정도 규모의 지진이 발생할지 예측할 수 없었다.

대지진 사흘 전 대규모로 이동하는 두꺼비들(위)과 2008년 5월 12일 폐허가 된 중국 쓰촨시

반면 기원전 373년 그리스 헬리스에서는 지진 전에 쥐, 뱀, 족제비, 지네가 먼저 도시를 탈출했다. 1969년 중국 톈진 지진에 앞서서는 동물원 판다 한 마리가 미친 듯이 날뛰고 호수에 있던 백조들이 육지로 기어올랐으며, 1976년 중국 탕산에서는 지진 발생 직전 수만 마리의 잠자리와 새들이 200~300m 너비로 줄지어 서쪽으로 날아갔다.

크리스토퍼 실베리센의 《연대기 헬베티아》(1576)에 실린 1365년 스위스 바젤 대지진

2005년 규모 7.6의 강진으로 7만 5,000여 명의 사망자가 발생한 파키스탄에서는 지진 발생 전 까마귀를 비롯한 새들이 갑자기 날카로운 울음소리를 내면서 둥지를 떠났으며, 2011년 페루 산간지역에서는 5일 동안 동물들이 모두 사라진 것처럼 한 마리

도 안 보이더니 규모 7.0 지진이 발생했다. 같은 해 동일본대지진 때도 실험실 쥐들이 이상행동을 보였고, 우리나라 지진기록 역사상 최대로 기록된 2016년 경주 지진 때는 지진 발생 10일 전 숭어 떼가 일렬로 움직이는 게 목격되었다.

동물들의 이상행동은 소란, 울음, 이동 등 다양한 형태로 나타나며, 포유류·조류·어류 등 종을 가리지 않는다. 관련 논문도 200여 건이 넘는다. 그리고 대부분 '동물들이 사람보다 예민하다'는 것에 의견의 일치를 보인다. 실제로도 동물의 감각은 뛰어나다. 코끼리는 발바닥의 두꺼운 지방층이 매우 예민해 작은 진동으로도 동료의 위치를 정확하게 파악하며, 철새는 뇌에 자기장을 감지하는 부분이 있어 방향을 잃지 않는다. 독수리는 4㎞ 밖의 먹이를 찾을 정도로 뛰어난 후각을 자랑하고, 개구리 등의 양서류는 피부나 혀로 공기 중의 습도를 감지해낸다. 개미 또한 사람보다 500~1,000배나 예민한 후각과 진동감지 능력을 지닌 더듬이 덕분에 여름철 태풍이나 홍수가 오기 전 안전한 곳으로 집을 옮긴다. 저기압이 접근할 때 까마귀가 시끄럽게 울고 고양이가 소란을 피우는 것도 같은 맥락이다.

이처럼 동물들의 예민한 감각은 후각, 시각, 촉각에 그치지 않는다. 2011년 페루 대지진이 있기 전 한 연구팀이 야생동물의 이동을 촬영하고 있었는데, 지진 일주일 전부터 지표면에 양이온, 자유전자 층이 생성된 것을 인공위성 데이터로 확인했고 이후 대규모 야생동물들이 능선 위쪽에서 아래쪽 계곡으로 이동을 했다고 전했다. 즉, 땅속 지각의 물리적 충돌로 양이온, 자유전자가 급증한 것을 동물들이 알아차렸다는 것이다. 이에 학자들은 지진 전 발생한 전자기파 변화와 양이온 교란이 민감한 신경을 가진 동물들을 자극하여 세로토닌이라는 호르몬이 분비되도록 했다고 분석했다. 세로토닌이 많이 분비되면 극도로 흥분을 하거나 헛것이 보이는 증상이 나타나기 때문이다.

서기 79년 8월 24일은 이탈리아반도 폼페이가 베수비오 화산의 폭발로 그야말로 모두의 무덤이 된 날이다. 불의 신 불카누스를 기념하는 축제로 온 도시가 들썩이던 중에 갑자기 큰 굉음과 함께 이상한 구름이 밀려오는가 싶더니 수백억t에 달하는 뜨거운 화산쇄설류가 도시로 쏟아져 내려왔다. 3m 높이로 쌓인 화산재에 도시는 그대로 2,000명이 넘는 사람들의 무덤이 되었다. 지금도 폼페이 곳곳에서는 당시의 공포를 고스란히 안고 있는 사람들의 화석이 발견된다. 그러나 사람과 함께 살던 말이나 가축의 사체 외에 야생조류나 야생포유류의 그것은 발견되는 예가 상대적으로 적다. 이에 학자들은 화산폭발이 있기 전 이동했을 가능성이 크다고 추정한다. 그러고 보면 예나 지금이나 지나친 자극에 길들여져 진짜 감각을 닫고 사는 건 사람뿐이지 싶다.

카를 브률로프의 〈폼페이 최후의 날〉(1828)

한두교에는 우주를 유지·보존하며 진리를 수호하는 신이 있다. 쾌활하고 자애로운 성격에다가 때때로 인간의 모습으로 나타나 세상을 구원한다. 낯빛은 푸르고 피부색은 검으며 이마에는 발자국을 상징하는 'V'표식이 있다. 비슈누다. 그런데 신은 왼쪽 손에 법라(法螺, Sankha)를 들고 있다. 법라는 악마 아수라의 뼈가 소라 모양으로 변한 것으로 이 소리를 들으면 악

법라를 든 한두교의 신
비슈누(10~11세기)

마는 겁에 질리고 신들은 용기가 솟는다는 악기다. 반면 우라노스의 막내딸이자 제우스의 고모뻘인 아프로디테는 바다거품 속에서 태어나 가리비를 타고 육지에 다다랐고, 당나라 문종(文宗, 827~840)이 진상받은 대합조개에서는 관음상이 나왔단다. 조개류는 신화나 설화 외에 실상에서도 다양하게 이용되었다. 모로코의 한 동굴에서는 15만 년 전 것으로 추정되는 조개껍질 목걸이가 발견되었다. 화폐로도 사용되었고, 기원전 510년 참주(僭主) 정권이 무너진 그리스에서는 위험인물을 10년간 국외로 추방(도편추방제)시킬 명목으로 투표할 때 도편(도자기 조각) 외의 투표용지로 이용했다.

산드로 보티첼리의 〈비너스의 탄생〉(1485)

가리비 화석

그럼 소라, 대합, 가리비를 포함하는 이매패류(Bivalve)는 지구상에 언제 등장한 것일까? 5억 4,000만 년 ~5억 2,000만 년 전 다양한 종류의 동물화석이 갑작스레 출현하는 지질학적 사건이 있었다. '캄브리아기 대폭발(Cambrian Explosion)'이다. 이매패류도 이때 등장했고, 다양한 과정을 겪으며 왕성한 생식능력으로 번성했다. 그중에서도 가리비의 생식능력은 타의 추종을 불허한다. 한번 산란할 때 무려 1억 개가 넘는 알을 낳는다. 아프로디테 탄생에 가리비가 등장하는 것이나 우리나라에서 시집가는 딸에게 가리비 껍데기를 싸 주며 다산을 기원했던 것이나 모두 이 무지막지하다 여겨질 만큼의 왕성한 생식력에 기반한다.

로마제국 주택의 가리비 문양

가리비가 특별한 것은 생식능력만이 아니다. 다른 조개들이 흙 속에 묻혀 있거나 바위 등에 들러붙어 거의 움직이지 않는 데 반해 가리비는 포식자가 접근하면 손뼉을 치듯 위아래 껍데기를 강하게 여닫음으로써 물을 일시에 뿜어내 그 반동으로 껑충껑충 뛰는 듯 앞으로 나아간다. 속도도 빠르거니와 한번 물을 내뿜을 때 최대 2m나 이동하는데 그 모양이 껑충껑충 뛰는 듯해 '헤엄치는 조개'라고까지 불린다. 하지만 가리비를 보다 특별하게 해주는 것은 눈에 있다. 그것도 200개나 되는….

푸른 점으로 보아는 가리비의 눈

가리비에 눈이 있다는 것을 알게 된 것은 무려 200년 전이다. 눈은 내장을 싸고 있는 표피(외투막)에 나 있는 수많은 촉수 사이사이에 달려 있다. 크기는 1㎜ 이하여서 얼핏 보면 그저 작은 점이나 문양으로 보일 뿐이지만, 이 눈들로 포식자를 감지해낸다. 그러나 가리비 눈의 존재를 알게 된 후로 지금껏 그 구조와 원리는 수수께끼였다. 그런데 최근 이스라엘 바이즈만 과학연구소 연구팀이 과학저널 〈사이언스〉에 "개별 눈의 경우 초점이 잘 맞는 부위가 한정적이어서 이를 극복하기 위해 다수의 눈이 필요했을 것"이라는 연구결과를 내놨다. 개별 눈의 구조도 빛을 느끼는 얇은 세포층(감광세포)으로 빛만을 감지하는 일반 조개나 불가사리의 안점과 다르다. 연구팀은 좁쌀 크기밖에 되지 않는 가리비의 눈을 얼려 잘게 썰어 가면서 그 원리를 찾아냈는데, 눈은 각막·렌즈·이중망막으로 이루어져 있고 뒤에는 오목거울이 있어 여기에 반사된 빛을 앞쪽 망막에 초점을 맺게 한다. 특히 이 오목거울은 하나의 구가 아니고 나노미터 크기의 거울 수백만 개가 바둑판처럼 연결되어 있다. 볼록렌즈 모양의 수정체에 빛을 모아 뒤쪽 망막에 초점을 맺는 사람의 눈과는 다른, 천체망원경이나 우주망원경과 같은 구조다. 우주망원경은 크기가 커짐에 따라 거울 하나로 반사경을 만들기 어려워지자 작은 반사판들을 모아 반사경을 만들었는데, 이 원리를 가리비는 수 세기 전부터 사용하고 있었던 것이다. 가리비의 눈의 구조를 보다 빨리 이해했더라면 우주탐사도 조금 더 빨라질 수 있지 않았을까?

우주망원경 제임스웹의 반사경

코끼리 코는
살기 위한 궁여지책

코끼리는 지구상에서 가장 길고 두꺼운 코를 가지고 있다. 단순히 길고 두꺼운 것만이 아니다. 그 코는 사람은 물론이고 통나무 한두 개쯤은 가뿐하게 들어 올릴 만큼의 괴력을 자랑하는가 하면 감각자극을 받아들여 신경세포에 전달하는 감각수용체가 인간보다 5배나 많은 1,948개나 되어서 진동 등 자극에 예민하다. 뿐만 아니라 후각은 냄새 맡는 데 둘째가라면 서러운 개보다 무려 두 배나 뛰어나다. 약점도 있다. 두툼하고 뭉툭한 생김새와 달리 뱀처럼 유연하고 악어가 작정하고 달려들기라도 하면 두부 잘리듯 툭 끊어질 정도로 연약하다.

코끼리 코가 긴 이유에 대해서는 동화는 악어가 코를 물어서 길게 늘어났다고 하고, 노래는 손을 대신하기 위해 길어졌다고 한다. 과학자들은 초식동물의 개체수 증가로 낮은 곳의 열매가 부족해지자 높은 곳에 열린 열매를 먹기 위해 안간힘을 쓰다 코가 늘어났고 나중에는 코가 긴 코끼리만 살아남았다고도 주장한다. 개보다 두 배 예민한 후각을 근거로 냄새를 잘 맡기 위해 길어졌다고도 한다.

락슈마나 사원의 조소(인도 카주라호)

그중에는 뼈의 무게만 1.5t이나 되는 머리 때문이라는 주장도 있다. 조금만 숙여도 고꾸라지는 참사를 막기 위해서는 1.5t의 무게를 지탱하면서도 자유자재로 움직일 수 있는 튼튼한 목뼈와 근육이 필요한데, 코끼리 평균 몸무게가 3~7t임을 감안하면 이는 사실상 불가능에 가깝다. 결국 고개를 숙이거나 움직일 필요가 없도록 코를 키웠다는 것이다.

진화의 정확한 원인이나 과정에 대해 현재까지의 과학은 정확한 설명을 하지 못하고 있다. 코끼리의 코도 마찬가지다. 그러나 이제까지 제기된 가설들을 종합하면 모든 진화가 그러했듯이 생존을 위한 선택으로 귀결된다. 높은 곳의 열매를 먹기 위해서든, 냄새로 번식기에 접어든 암컷이나 건기 때 물이 흐르는 곳을 찾기 위해서든, 고개를 숙이지 않기 위해서든 무엇이든 말이다.

코끼리가 특별한 점은 또 있다. 야생동물 사진작가들은 여유를 가지고 장시간 코끼리를 찍고 싶을 때 그들이 다니는 길목에 코끼리 뼈 하나를 놓아둔다. 다른 동물의 뼈에는 일절 관심이 없는 코끼리가 오직 코끼리 뼈에만 관심을 보이기 때문이다. 세상일에 관심 없다는 듯 바빴던 걸음을 멈추고 서서 긴 코로 꼼꼼하게 뼈 냄새를 맡고, 뼈를 이리저리 굴려보고, 때로는 코로 뼈를 한참 잡

고 있기도 한다. 더러는 코로 뼈를 둘러메고 제법 오랜 시간 이동하는 경우도 있다. 단순히 호기심이 많아서라고 치부해버리기에는 어쩐지 애틋하다. 동족의 뼈라는 것을 인지하는 듯한 행동들로 보이기 때문이다. 동족 뼈에 대한 코끼리의 행동은 죽음과 부

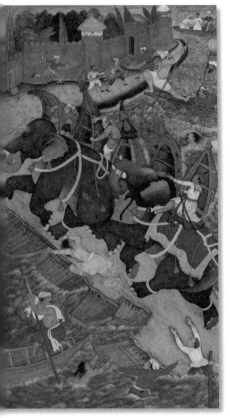

패·분해, 백골화라는 일련의 과정을 알지 못한다는 고정관념 안에서는 이해하기가 절대 쉽지 않다. 코끼리 특유의 냄새가 살 한 점 없는 뼈에 남았을 리도 없고, 뼈만 남을 때까지 곁에 있었을 리도 없으며, 해부학은 더더군다나 모를 테니 말이다. 또한 죽은 새끼를 부패할 때까지 안고 다니는 원숭이와 달리 코끼리는 동료의 시체 곁에서 길게는 며칠을 조용하게

사나운 코끼리 하와이를 타고 있는
무굴제국 악바르 대제를 묘사한
〈악바르 대제와 코끼리 하와이의
모험〉(1590?)

머문 다음 자리를 뜬다. 심지어 매년 그 장소를 방문하기도 한다. 전자가 죽음을 이해하지 못한 경우라면 후자는 사람처럼 사후세계나 내세까지는 아니더라도 정확하게 죽음을 이해하고 슬픔으로 받아들이는 것이다.

코끼리는 유인원, 돌고래, 까치 등과 함께 거울 속 자신을 인식하는 몇 안 되는 동물이기도 하다. 뛰어난 학습능력에 분명한 자기인식과 죽음에 대한 이해, 거기에 지능(IQ)까지 70이 넘는다. 그러다 보니 적에 대한 인식 또한 분명하다. 아프리카대륙에서 사람을 가장 많이 죽이는 야생동물이 코끼리인 것은 상아에 대한 욕심으로 코끼리를 마구잡이로 학살하는 사람에 대한 적개심이 그만큼 큰 데 이유가 있다. 동물은 이유 없이 공격하지 않는다. 뱀도 그렇고, 코끼리도 그렇고. 그러니 잔인하네 공격적이네 하며 비난할 자격은 사람에게는 없을 듯싶다.

3부

기묘한 식물원

식물에도 육식파는 있다

굶주린 구렁이의 분노를 품은 가늘고 섬세한 덩굴이 얼마간 여인의 머리 위에서 흔들리다가 마치 악마와도 같은 지능과 섬뜩한 본능으로 순식간에 여인의 팔과 목을 휘감기 시작했다. 여인의 끔찍한 비명과 허탈한 웃음소리는 점점 꺽꺽 숨넘어가는 소리로 바뀌어 갔다. 그러는 동안에도 거대한 초록빛 구렁이와 다를 바 없는 덩굴들은 쉬지 않고 여인의 몸을 계속해서 겹겹이 구속해 나갔다. 그 재빠른 속도도 속도려니와 무서울 정도의 집요함은 아나콘다가 먹잇감의 몸을 죄어 숨통을 끊어내려는 몸짓과 너무나도 닮아 있었다.

독일인 탐험가 카를 레헤(Karl Reche)의 여행기다. 그는 1878년 짐꾼을 비롯한 여러 일행과 함께 마다가스카르를 탐험하던 중 그곳에만 있다는 식인나무를 보러 갔다가 경악했던 일을 이렇게 표현했다. 그 지역에 사는 므도코(Mdoko) 부족민들이 움직이는 나무에 인신공양을 하고 있던 중이었다. 그의 서술에 의하면 보름 후 조용히 그 나무에 찾아갔을 때 사람의 것으로 추정되는 몇 개의 뼈를 발견했다고 한다. 이 이야기는 1874년 4월 26일 일간지에 처음 소개되었고, 그해 10월에는 체이스 오스본의 책《마다가스카르 : 식인나무의 땅(Madagascar : Land of the Man-eating Tree)》에 실리면서 유명세를 탔다. 한편 1889년에 출간된 제임스 부엘의 책《바다와 땅(Sea and Land)》에는 '아프리카와 남아메리카에 강력한 독성을 지닌 가시가 빼곡한 거대한 가지를 휘두르며 다가오는 모든 생물을 잡아 중독시켜 무력하

제임스 부엘의 《바다와 땅》(1889)에 실린 식인식물 삽화

게 만든 다음 먹어치우는 식인식물이 있다'는 기술이 있다. 피를 빨아먹는 흡혈식물에 대한 기록도 있다. 윌리엄 토마스 스테드 (William Thomas Stead)가 1891년에 쓴 기사에 따르면 중앙아메리카 니카라과에는 가늘고 질긴 섬유 그물망을 가진 식물이 있으며, 이 그물망 안쪽에는 수많은 빨판이 붙어 있어서 작은 설치류뿐 아니라 큰 개에 이르기까지 일단 그물망에 포획되면 빨판에 의해 죽을 때까지 피를 빨리기 때문에 악마의 올무라고도 불리기도 한다. 하지만 지금까지의 이야기들은 모두 사실로 확인된 적

요세프 마이어의 《마이어의 백과사전》에 실린 식충식물

이 없다. 오히려 지역, 부족, 서술자에 출처까지 모두 조작된 것으로 판명되었다. 그렇다 해도 육식을 하는 식물에 대한 호기심과 공포는 꾸준히 신화나 전설을 넘어 이야기를 만들어내고 있다. 이는 실제로 동물성을 주된 에너지원으로 하는 식물이 존재하기 때문이다. 파리지옥이나 끈끈이주걱처럼 작은 곤충을 유인하는 것도 있고, 2000년 필리핀 빅토리아산 고지대에서 발견된 새로운 낭상엽 종처럼 깔때기 모양의 잎을 올가미처럼 사용해 벌레와 곤충은 물론이고 쥐까지 잡아먹는 것도 있다. 2022년 인도네시아 보르네오섬의 북칼리만탄주에서는 땅속에서 벌레나 유충, 딱정벌레 등을 잡아먹는 것도 발견되었다.

그렇다면 이들은 왜 육식을 선택했을까? 간단하다. 자양분으로 삼을 게 그것밖에 없었기 때문이다. 일단 그들이 사는 곳이 문제다. 햇빛이라고는 손바닥만큼도 들지 않는 정글 한가운데라서 잎이 있다 한들 광합성을 충분히 할 수 없는 곳, 비가 오기만 하면 질소원이나 인산 등은 물론이고 유기물이고 무기물이고 죄다 쓸려 가버리는 통에 도무지 토양으로부터 양분을 얻을 수 없는 척박한 곳, pH를 조절해주는 알칼리이온 등이 절대적으로 부족한 강한 산성토양인 탓에 곰팡이에 취약한 습지 등이 그들의 주된 서식지다. 때문에 그들은 사냥을 선택할 수밖에 없었고, 성공적인 사냥을 위해 나름의 덫(포충기)과 소화효소를, 그리고 먹이를 유인하기 위한 냄새 따위를 발달시켰다. 즉, 냄새로 유인하고 덫(포낭)으로 잡은 뒤 단백질과 핵산을 분해하는 효소로 서서히 소화시키는 식으로 진화한 것이다.

우리나라에 서식하는 수생형 '통발'도 가지 끝에 매달린 작은 주머니를 벌리고 있다가 목표물이 나타나면 순식간에 빨아들이고는 입구를 봉쇄한다. 물론 통발의 특별함은 식충 외에도 착생

Tafel 63.

Gewöhnlicher Wasserschlauch, Utricularia vulgaris

제이콥 스텀이 그린 통발 세밀화(1776)

하지 않고 둥둥 떠다니는 자유로운 영혼이라는 점에 있다. 애초에 약한 뿌리 때문에 식충을 선택하기는 했지만, 나중에는 굳이 한 곳에 못 박혀 살기보다 적극적으로 사냥하기 위해 아예 뿌리를 퇴화시켜 버렸단다. 이유가 무엇이고, 그래서 수단이 무엇이었든 식충은 모두 생존을 위한 선택이었다.

있는 놈이 더한다더니 고등어서 기생한다?

오일장으로 유명한 강원도의 정선장. 흔한 시골 장터처럼 노점들도 즐비하고 동네 할머니들이 벌여놓은 좌판도 빼곡한, 즐거운 곳이다. 그런데 곤드레, 곰취 한 줌을 더 넣네 마네로 실랑이를 벌이는 모습이 심심치 않다. 1,000원 한 장을 깎겠다고 배짱을 부리는 손님도 많다. 물론 그들 모두가 백화점 명품매장에서 수천만 원씩 턱턱 결제하고 번쩍번쩍한 차를 끌고 다니는 것은 아니다. 하지만 손가락 마디마다 빛나고 눈알만큼이나 큰 보석을 보면 그런 생각이 의심만은 아니라는 데 힘이 실린다. 그런 경우 장사꾼이 손님 뒤통수에 대고 조용히 투덜거릴 말은 뻔하다.

"있는 놈이 더한다더니…."

사람만 '더한, 있는 놈'이 되는 건 아니다. 타고나기를 잘나게 태어나 다른 것보다 생태학적으로 우월한데도 남에 기대어 빼앗으며 살아가는 것들이 있다.

일단 기생(寄生)이란 한쪽이 일방적으로 다른 한쪽에 기대서 살아가는 것을 말한다. 이런 경우 기댐을 강요받는 쪽, 즉 숙주는 주기만 할 뿐 도움을 받지 못하거나 오히려 해만 입는다. 제 알을

대표적인 기생식물
겨우살이

남의 둥지에 낳아 대리육아를 시키는 뻐꾸기가 대표적인 기생동물이다. 식물 중에도 기생하는 것들이 있다. 이들은 다른 식물의 잎이나 줄기 등에 뿌리는 내리고 물과 양분을 빼앗아 흡수하는 방법으로 생존한다. 이런 기생식물이 지구상에 알려진 것만 4,100종이 넘는다. 그런데 기생식물의 특이한 점은 사람인 숙주보다 하등한 기생충과 달리 대부분 뿌리, 잎, 줄기의 세 부분을 갖추고 체제가 복잡하게 진화한 고등식물이라는 것이다. 그래서 '좁은 의미의 기생식물'이라고 하면 '다른 식물에 붙어 양분을 취하며 사는 고등식물'을 가리키기도 한다. 곧 스스로의 광합성과 뿌리로의 양분흡수가 가능한데도 다른 식물에 빌붙어 살아간다는 의미다.

남극을 제외한 전 세계에 1,400여 종이 고루 분포하며 주로 참나무에 기생하는 겨우살이도 잎이 있어 광합성을 할 수 있고, 꽃도 피고 열매도 맺는다. 땅이 아닌 참나무 등의 가지이기는 하나 뿌리와 줄기가 있어 몸을 지탱하고 양분을 흡수한다. 때문에 겨우살이에 몸을 내준 나무나 그 가지는 성장속도가 느리고 심지어는 고사하기도 한다. 이런 이유로 겨우살이는 한때 유해종으로 분류되기도 했다. 그러나 최근 연구로 겨우살이와 같은 기생식물이 숲을 보다 건강하게 만드는 촉진제 역할을 한다는 게 밝혀졌다. 기생식물들이 크고 오래된 나무에 기생해 그 나무의 생명을 다하게 함으로써 숲을 젊고 건강하게 만든다는 것이다. 또 나무가 고사하면 보다 넓은 면적에 햇빛이 비치면서 다양한 생물들의 서식지로 변모하게 된다. 기주식물의 양분으로 키워낸 열매가 새들을 건강하게 하는 건 보너스! '있는 놈이면서 더한 놈'이긴 한데, 아주 몹쓸 것이라고 하기에는 그 쓰임새에 영양가가 제법이다. 그럼 '있는 놈이 더한다'는 비아냥을 들을 수 있는 건 결국 사람뿐인 건가?

삼천리에 화려해도
국화는 아냐

중국 춘추시대를 산 진(晉)나라 사람 최표는 당시의 명물(名物)을 고증해《고금주(古今注)》라는 책을 썼는데, 이웃 나라에 대해 이렇게 기록했다.

군자의 나라에는 지방이 천 리인데

목근화가 많이 피었더라

(君子之國地方千里多木槿花)

풀어보자면 '군자가 많은 그 나라는 국토의 길이가 '1,000리',

즉 대략 420km 정도인데 곳곳에 목근화가 흔하게 피어 있다'쯤 된다. 한편 군자의 나라에 대한 최초의 기록은 상고시대의 지리·풍속을 널리 조사해 기록한 《산해경(山海經)》에 있다.

군자의 나라가 북방에 있는데

···

훈화초가 아침에 피고 저녁에는 시든다

(君子之國在其北 ··· 有薰花草 朝生暮死)

조선 후기 유숙(劉淑)의 〈장원홍(壯元紅)〉

여기에서 '군자의 나라'는 대륙의 동쪽 끝에 자리한 한반도, 즉 우리나라를 말한다. 그리고 한반도에 흔했다는 《고금주》의 목근화와 《산해경》의 훈화초는 모두 동일한 것을 가리킨다. 무궁화다. 삼국시대 훨씬 전부터 한반도에 무궁화가 흔했다는 의미다. 그러나 정작 우리 문화 속에서 무궁화를 찾기는 쉽지 않다. 조선시대에 화훼식물을 소재로 한 문인화, 민화를 살펴보면 매화·연꽃(8회), 모란·국화(각 7회), 진달래(6회), 장미(5회), 난꽃(4회), 작약·철쭉·찔레꽃(각 3회), 그 외 개나리, 꽈리, 나팔꽃, 수수, 수련, 억새, 여뀌, 강아지풀, 질경이 등까지 48종이 154작품에 등장하지만, 무궁화가 그려진 작품은 단 한 점도 없다. 그동안 유일한 무궁화 그림으로 알려졌던 〈장원홍〉의 꽃도 모란으로 정정됐다. 동양의 추상화라는 서예에서도 무궁화를 뜻하는 '근(槿)'은 단 한 글자도 나오지 않는다. 생활용품이고 건축이고 간에 도통 무궁화의 흔적이 없다. 시나 시조 한 구절로도 등장하지 않는다. 반면 일본은 20세기 이전 무궁화를 소재로 한 회화와 서예의 작품 수가 200점이 넘는다. 무궁화만 그리는 화가까지 있을 정도다. 뿐만 아니다. 이세신궁을 비롯한 일본의 많은 신사 안에 무궁화가 식재되어 있고, 무궁화를 천신(天神)으로 모시는 신궁도 있다. 일장기의 원형도 히노마루(日の丸)라는 품종의 무궁

도쿠가와 막부 말기의 일본 화가
사카이 호이츠가 그린 무궁화

화고, 욱일기의 원형 또한 소우탄(宗旦)이라는 품종의 무궁화다.

찜찜한 건 또 있다. 우리 문화에서 아예 없는 취급을 받던 무궁화가 표면으로 올려진 데에 일본제국의회 귀족의원이었던 친일파 윤치호의 이름이 오르내리기 때문이다. "만약 내 마음대로 내 나라를 정할 수 있다면 일본을 선택했을 것"이라며 친일에 앞장섰던 그가 아직 조선인이었던 1897년 8월 조선개국 505주년 기원절을 맞아 썼다는 노랫말에 무궁화가 난데없이 등장하는 것이다. 그해 〈독립신문〉 8월 17일 자에 실린 노랫말은 다음과 같다.

성자신손 500년은 우리 황실이요
산고수려 동반도는 우리 본국일세(1절)

동해물과 백두산이 마르고 닳도록
하느님이 보우하사 우리나라 만세(2절)

무궁화 삼천리 화려강산
대한사람 대한으로 길이 보전하세(후렴)

총 2절로 이루어진 이 노래는 〈무궁화노래〉로서 2년 뒤에 4절로 확장되었다. 아무튼 친일매국노 윤치호가 '무궁화 삼천리'로 시작하는 후렴을 포함한 1~4절 전체를 작사했는지 후렴은 독립운동가 안창호 선생이 작사했는지는 여전히 논쟁 중이지만, '무궁화'가 이때 갑자기 전면에 등장했다는 것만은 분명하다. 일제가 비틀어놓은 역사와 오해가 빚은 '만들어진 상징'이라는 비판이 나오는 이유다.

그런데도 무궁화는 그 후로 120년이 넘게 민족의 상징이 되어왔다. 하지만 우리나라 국화는 아니다. 가을 화단에 흐드러진 국화(菊花) 말고 나라꽃 국화(國花)! 행정안전부가 국가상징으로 명시하고는 있지만, 태극기와 애국가처럼 제정과 공포 등 뚜렷한 법령 규정이 없어 공식적인 나라꽃은 아니다.

1948년 정부수립 기념우표

119

찔레꽃 붉게 피는
남쪽나라는 없다?

KBS의 성인가요 프로그램 〈가요무대〉는 시청자들로부터 신청을 받아 방송될 노래를 선정하는데, 유독 고향을 그리워하는 노래들이 많다. 아무리 멀어도 반나절이면 가 닿을 좁은 땅덩어리 안에 살면서 고향을 그리워한다는 게 이해되지 않을 수도 있다. 하지만 분단된 현실을 생각하면, 아니 38선 북쪽이 고향이 아니더라도 과거 교통수단이 미흡하고 전쟁 후 먹고 살기만도 급급해 귀향마저 사치였던 때가 있었다는 것을 생각하면 이해 안 될 것도 없다. 〈가요무대〉에서 두 번째로 많이 불렸다는 〈찔레꽃〉도 그런 정서를 담은 노래 가운데 하나다.

찔레꽃 붉게 피는 남쪽 나라 내 고향

언덕 위에 초가삼간 그립습니다

〈찔레꽃〉은 1941년, 또는 1942년에 발표된 것으로 알려진 노래로 제주 출신 가수 백난아가 불렀다. 조선시대 민화의 단골소재였을 정도로 우리나라 야산에 흔했던 찔레꽃을 소재로 한 데다가 광복과 한국전쟁, 그리고 60~80년대 경제성장기라는 시대적 상황과 맞아떨어지면서 '국민가요'라는 애칭까지 얻었다.

찔레꽃이 그려진 변상벽의
〈묘작도(猫雀圖)〉(18세기)

토종 하얀 찔레꽃

찔레는 철쭉이 지고 난 5월쯤 꽃을 피워 열매를 맺는 장미과의 식물이다. 볕이 좋으면 특별한 관리 없이도 잘 자라서 우리나라 산기슭, 골짜기, 냇가 등 어디에서나 흔하게 볼 수 있다. 그런데 어디에나 있는 찔레지만 노랫말처럼 '붉게 피는 찔레꽃'을 품은 찔레는 찾기가 어렵다. 꽃색은 주로 하얀색이고 더러 연한 분홍색일 뿐이다. 민화에서의 찔레꽃도 모두 하얀색이다. 찔레꽃에 얽힌 전설을 봐도 그렇다

고려시대, 찔레와 달래 자매는 병든 아버지를 모시며 어렵게 살아가고 있었다. 그런데 나라에서 원나라에 보낼 공녀를 차출하기 시작했고, 관리는 자매의 안타까운 상황을 모른 척할 수 없어 찔레만 끌고 갔다.

토종 붉은 찔레꽃

10년 후 찔레가 고향으로 돌아왔다. 그러나 살던 집은 오간 데 없고 집 터에는 잡초만 무성했다. 아연한 찔레가 동네사람들에게 들은 사연은 기가 막혔다. 찔레가 끌려간 후 아버지는 비관하여 목을 맸고, 달래는 충격으로 정신을 잃고 뛰쳐나간 후로 소식이 끊겼다는 것이었다. 찔레는 동생 달래를 찾기 위해 산과 들로 헤매고 다녔다. 그러나 끝내 찾지 못하고 어느 추운 겨울날, 야산에 쓰러진 채 쏟아지는 눈을 맞으며 숨을 거두고 말았다.

이듬해 봄 찔레가 쓰러졌던 자리에 하얀 꽃이 하나 피었다. 훗날 사람들은 찔레의 고운 마음은 눈처럼 새하얀 꽃이 되었고, 찔레의 슬픈 운명은 빨간 열매가 되었다면서 그 꽃을 찔레꽃이라 불렀다.

이쯤 되니 작사가가 그리워했던 붉은 찔레꽃의 정체가 궁금해진다. 일단 결론부터 말하자면 붉은 찔레꽃은 있다. 그것도 일본산이 아니라 토종이다. 하지만 흔치 않다. 멸종되다시피 한 것을 복원한 게 10여 년밖에 되지 않아서다. 간혹 붉은 찔레꽃을 볼 수 있지만, 이는 대부분 일본산이다.

한때 남도에서 바닷가에서 피는 붉은 꽃 해당화를 찔레꽃으로 부른다는 이유로 노랫말의 찔레꽃이 해당화라는 주장도 있었다. 실제로도 노래가 만들어질 당시의 우리나라 식물명과 분류는 걸음마 수준이었다. 때문에 가시가 있는 꽃을 통칭해 찔레로 불렀다. 하지만 '연분홍 봄바람이 돌아드는 북간도/아름다운 찔레꽃이 피었습니다'라는 3절 가사를 보면 내륙인 북간도에서 해안에서만 피는 해당화를 보았다는 게 말이 되지 않는다. 결국 작사가는 1,950m의 고지에서도 자라는 찔레의 꽃을 그리워했다는 데 무게가 실린다. 지금은 거의 사라져 버린 진짜 붉은 찔레꽃을 말이다.

용의 피,
기린의 피?

용과 코끼리는 사이가 좋지 않았다. 날이 추워지면 코끼리들이 용을 공격했기 때문이다. 코끼리에게는 용을 공격해야 하는 이유가 있었다. 용의 피가 필요했으니까. 추위에 약한 코끼리에게 뜨거운 용의 피는 겨울을 견디게 해주는 천연난로였던 셈. 그렇다고 용이 맥없이 당하기만 한 것은 아니다. 용은 코끼리가 쳐들어오기 전 바닥에 납작 엎드렸다가 코끼리가 위를 지나가면 긴 꼬리와 긴 목으로 코끼리의 다리와 몸을 칭칭 감아 조인 후 코끼리의 연약한 콧구멍에 머리를 들이박았다. 그러면 코끼리는 숨이 막히고 몸이 터져 죽었다.

물론 그 싸움이 매번 용의 승리로 귀결되지는 않았다. 운수 나쁘게 중심을 잃은 코끼리가 용의 몸통 위로 넘어지는 경우 되레 코끼리의 육중한 몸에 눌려 용이 터져 죽기도 했다. 한편 싸움이 끝나 제 몫의 생명과 제 몫의 피를 챙겨 자리를 떠나고 나면 미처 수습되지 못한 코끼리의 피와 용의 피를 노리는 약삭 빠른 인간 약장수들이 몰려들었다. 그들은 두 피를 용기에 섞어 담아 '상귀스 드라코니(Sanguis Draconis)', 바로 '용의 피'라는 이름을 붙여 팔았다.

'용의 피' 이야기의 삽화(16세기)

16세기 작가 러처드 에덴(Richard Eden, 1520~1576)이 기록한 '용의 피'에 관한 이야기다. 실제로 유럽에서는 '용의 피'라는 게 거래되었다. 하지만 이는 이름 그대로 '용의 피'도 아니고, 그렇다고 '코끼리의 피'도 아니다. 북아프리카 서쪽 카나리아제도에 자생하는 나무 드라세나 드라코(Dracaena Draco), 동양에서는 기린혈이라고도 하는 용혈수(龍血樹)의 수액이다. 투명하거나 흰색인 보통의 수액과 달리 선명한 붉은색 덕분에 신화를 등에 업었다.

존 파킨스의 《식물극장(Theatrum Botanicum)》에 실린 용혈수

용혈수의 수액은 그 색깔 때문에 고대로마 때부터 주로 물감으로 쓰였는데, 폼페이 벽화에 사용된 붉은색이 바로 상귀스 드라코니, 바로 용의 피다. 그 외에도 왁스나 노화방지를 위한 화장품으로 가공되기도 하고, 중국에서는 항바이러스나 항염을 위한 약으로도 먹었다. 17세기부터는 바이올린 명장들이 바이올린에 강렬한 색깔을 구현하기 위한 재료로 사용해왔다.

용의 피가 물감으로 사용된 폼페이의 벽화

용의 피는 고로쇠나무나 고무나무의 수액을 얻는 것과 똑같이 표피에 상처를 내서 채취하는데, 액체로도 사용하지만 주로 건조과정을 거쳐 결정상태가 된 것을 갈아서 사용한다. 한편 상처에서 흘러나오는 피와 같은 색깔과 농도의 수액은 실제로 나무가 피를 흘리는 것처럼 보이는데, 그래서인지 카나리아제도의 원주민들은 용의 피를 주술의식에 사용했다. 또한 그 나무에 신과 마법이 깃들어 있다고 생각했다. 신이 깃들었든 아니든 약으로서의 효능이 있든 없든 특이한 것에 신성을 덧씌우고 상상을 더해 이야기를 입힌 사람들의 노고만큼은 인정해야 할 듯하다.

?
채소와
야채의 차이

!

상추, 아욱, 근대, 깻잎, 양배추, 오이, 가지, 호박, 셀러리 등을 아울러 이르는 우리말 푸성귀는 흔하게는 야채와 채소로, 더러는 남새로 저마다의 습관에 따라 다양하게 불린다. 그 명칭들 사이에 특별한 구분은 없다. 의식적으로 다르다고 인식하고 있는 건 푸성귀와 남새와 달리 가장 널리 사용되는 야채나 채소가 한자어라는 것뿐이다. 이들 넷 사이에 존재하는 미묘한 차이를 일상에서는 거의 구분하지 않기 때문이다.

식물성 먹을거리 중에 굳이 나물로 구분하는 것도 있다. 그 이름에는 '재배하지 않는, 자연 상태의 산이나 들에서 채취하는 것'이라는 의미가 내포되어 있다. 그런 의미에서 들[野]에서 나는 푸성귀[菜]라는 의미가 있는 야채와 동일한 것들을 가리키는 말로 이해할 수 있다. 과거 사람이 인위적으로 키우지 않았던 고사리니 달래니 냉이 같은 것들을 말한다.

피터 에르센의
〈시장 풍경〉(1569)

이슬람 의학서적 《타쿠이눔 새니타티스》에 실린
〈양배추 수확〉(15세기)

반면 채소(菜蔬)의 한자는 모두 '푸성귀'를 뜻한다. 그래서 사람이 키워낸 농작물로 그 범위를 한정하기도 한다. 문제는 이런 구분이 과거에는 몰라도 오늘날 상황과는 맞지 않는다는 것이다. 과거에는 고사리나 취 등을 자연에서 얻었지만, 오늘날에는 대부분 경작을 통해 얻기 때문이다. 따라서 이런 구분법에 따르면 마땅히 모두 채소여야 하지만 오랜 세월 굳어진 것을 바꾸기는 쉽지 않아 보인다.

한편 야채(野菜)는 일본식 한자어라는 비판을 받기도 한다. 결론부터 말하면 '그렇다고 보기 어렵다'라 할 수 있다. 일단 일본어의 야채를 뜻하는 '야사이(やさい)'가 우리의 야채와 같은 한자를 사용하기는 하지만 야채는 일본식 한자어가 아니다. 국립국어원도 야채의 어원자료가 없는 데다가 일본식 한자어로 볼 만한

근거를 찾기 어렵다며 판단을 보류했고, 공식적으로 일본식 한자
어로 규정하지 않았다. 무엇보다《조선왕조실록》〈세종실록〉 55권
'세종 14년 3월 1일 경신' 첫 번째 기사에 이런 기록이 있다.

두루 군중에 타일러서
이름을 모르는 야채(野菜)를 먹지 못하게 했다
(令 諭軍中 勿食野菜不知名者)

독초를 먹고 죽은 병사에게
부의하고 부역·조세를 면제해
준 후 잘 모르는 것(야채)은 먹
지 말라고 했다는 것이다. 결국
동북아 3국이 한자문화권이라
는 것을 생각하면 한자가 같다
는 것은 충분한 증거가 될 수 없
다. '미운 놈 미운 짓한다'에 깔
린 마음처럼 그냥 다 삐딱하게
보는 편견일 뿐….

《채소밭》삽화(19세기)

학습하고 기억하고
생각하고 아파하고

2017년 6월 영국 버밍엄대학 연구팀은 국제학술지 〈생태학 저널(Journal of Ecology)〉에 "식물에게 매우 작은 뇌가 있어 스스로 자신의 씨앗을 파종해야 할지, 아니면 휴면상태에 들어가야 할지 판단하고 있다"는 내용의 논문을 발표했다. 논문의 공동집필자인 식물생물학자 조지 바셀(George Bassel) 교수는 "이 뇌는 씨앗에 있는 배아 끝단에 위치하고 있으며

서로 다른 두 종류의 호르몬을 분출하고 있는데, 어떤 호르몬을 분출하느냐에 따라 씨앗 파종이 결정된다"고 설명했다. 종합하면 파종을 최종적으로 결정하는 것은 매우 적은 수의 씨앗 속 세포들이고, 이것은 비록 사람의 뇌처럼 회백질로 구성돼 있지는 않지만 사람의 뇌와 마찬가지로 정보를 처리할 수 있는 능력을 지니고 있다는 것이다.

식물이 느끼고(feel), 들으며 (hear), 본다(see)는 주장이 제기된 것은 한두 번이 아니다. 식물이 주변에서 발생하고 있는 소리의 진동수를 감지하고 있으며, 가까이에 다른 식물이 있을 때 경쟁적으로 성장한다는 논문도 있다. 이런 주장들의 시작은 기원전 데모크리토스와 플라톤까지 거슬러 올라간다.

채소 의인화 삽화
(19세기 미국)

세상을 이루는 많은 물질의 구성을 원자들의 결합으로 본 데모크리토스(Democritos, BC.460~BC.370)는 원자들의 활발한 결합을 통해 태어나고 원자들의 해체를 통해 죽으며, 원자의 운동으로 인간뿐 아니라 동·식물들의 감정도 일어난다고 생각했다. 이런 논지는 플라톤을 거쳐 근대의 린네와 페히너, 현대의 보스까지 이어져 왔다.

자가디시 찬드라 보스

특히 인도 출신의 21세기 위대한 과학자 자가디시 찬드라 보스(Jagadish Chandra Bose, 1858~1937)는 식물과 동물에 기본적 공통점이 있다고 주장했다. 그는 "나무들에게도 우리와 같은 삶이 있다. 그들도 먹고 성장하며 가난과 슬픔과 고통에 직면하고, 굶주리면 도둑질과 강도질을 하지만 친구를 사귀고 서로 돕기도 하며 자손을 위해 자신의 삶을 희생할 줄도 안다. … 어떤 식물들은 멍청할 정도로 정직하며, 어떤 식물은 위장과 속임수로 다른 곤충의 노동을 착취하거나 자신을 도와준 곤충을 감금하는 배은망덕한 짓을 저지르기도 하고, 어떤 식물들은 원하는 것을 얻기 위해 수단과 방법을 가리지 않는다"라고 주장했다. 이를 두고 프랑스 일간지 〈르 마탱(Le Matin)〉은 "어떤 여인을 꽃으로 때린다면 그 꽃과 여인 중 누가 더 아플까를 염려해야 할 판이다"라고 익살스럽게 평하기도 했다.

그보다 앞선 시대를 살았던 생물학자이자 지질학자였고 의사이자 철학자였던 찰스 다윈도 식물을 '우리 생각보다 훨씬 더 진보한 생물체'로 규정하고, 이를 바탕으로 인간의 뇌와 같은 기능을 하는 구조가 뿌리에 존재한다는 '루트브레인(Root-Brain)' 가설을 제시했다. 바로 뇌가 다른 부분의 운동을 지휘하듯 뿌리가 해로운 영향으로부터 자신

다원의 '식물의 움직임' 관련 삽화

을 보호하기 위해 가질 수 있는 모든 수단을 고려하고 행동으로 옮긴다는 주장이었다.

식물의 기억력을 증명한 연구도 있다. 독일 뷔르츠부르크대학 연구진은 식충식물인 파리지옥이 잎 안 돌기, 즉 감각모가 한 번 자극 받으면 파리지옥은 잎을 움직이지 않지만, 30초 안에 다시 잎을 건드리면 그때 잎을 닫기 시작하고. 세 번째로 자극을 받으면 그제야 비로소 잎을 완전히 닫는다는 것을 확인했다. 곤충사냥에 엄청난 에너지가 소모되기 때문에 매번 움직이기보다는 자극을 기억했다가 확실하다 싶을 때 움직인다는 것이다.

생각과 기억을 넘어 식물이 화학물질을 활용해 다른 식물들과 대화한다는 주장도 있다. 1983년 미국 다트머스대학 연구진은 사탕단풍나무가 위험을 느끼면 주변 식물들에게 공기 중으로 화학물질을 전달한다는 사실을 밝혀냈다. 곤충의 공격을 받으면 휘발성 유독물질인 '페놀'과 '타닌' 성분을 방출해 주변 나무들에게 위험을 알리고, 이 신호를 받은 다른 나무들은 방어물질을 뿜어 공격에 대비한다는 것이다.

동물에게 신호를 보내기도 한다. 흰색에서 노란색으로 변해서 금은화(金銀花)로도 불리는 인동초꽃의 변화는 '노란 꽃은 수정을 마쳐 더는 꿀을 만들지 않으니 꿀벌은 나에게 관심을 꺼라'는 신호다. 식물의 쓴맛 역시 동물에게 '나는 맛이 없으니 꺼져 주라'는 경고다.

흰색으로 피었다가
노란색으로 지는 인동초꽃

이를 종합해보면 식물은 조용하고 수동적으로 보일지 몰라도 학습을 통해 어떤 생물보다 뛰어나고 합리적인 생존기술을 개발하고 발전시켜 왔다는 것을 확인하게 된다. 비명을 지르지 않는다고 고통을 느끼지 못한다 확언할 수 없는 이유가 아닐까?

알록달록한 개성,
색깔은 나의 힘

숨통을 죄는 리본과 독 묻은 빗도 이겨낸 백설공주를 끝내 쓰러뜨린 건 새빨간 사과였다. 하늘의 계시를 받은 아유타국의 공주 허황옥(許皇玉)이 김수로왕을 만나기 위해서 바다에서 대추를 구한 후에 하늘에서 구하고자 한 건 붉은 듯 하얀 듯 연한 분홍의 복숭아였다. 샤를마뉴 대제가 수염에 묻은 와인이 피 같다며 바꿨다는 화이트와인의 재료는 은은한 연둣빛의 청포도였다. 거대 다국적기업 유나이티드 프루트(UFC)와 손을 잡은 콜롬비아정부에게 화장실 설치 등 기본적인 복지를 외치다가 학살당한 농장노동자 3,000명이 키웠던 건 노란 바나나였다.

하늘이 꽤 높아지고 바람이 제법 찬기를 품을 무렵이면 뜨겁던 여름 한 철 푸르고 여린 모습으로 가지마다 애처롭게 매달려 있던 과실들이 저마다 고유의 색깔로 물들어간다. 초록의 풋사과는 빨갛게, 잎과 구분하기 어려웠던 감은 주황을 넘어 진홍으로, 투명할 듯 청량했던 포도 알갱이들은 보라를 지나 검디검게! 이보다 앞서서는 희멀겋던 참외나 수박이 뜨거운 햇살을

월터 그레인의 〈백설공주〉 삽화

품고 각각 노랑과 초록으로 제 색을 입었다.

과일(열매)이 익으면서 고유의 색을 띠는 이유는 과일 속에서 색소물질이 새롭게 만들어지기 때문이다. 하지만 색소물질이 왜 만들어지는지, 왜 과일마다 다른 색소 물질이 만들어지는지 과학자들도 아직 정확히 밝히지 못했다. 유전적 요인부터 햇빛이나

온도, 습도 같은 외부 환경요인, 그리고 반드시 자손을 퍼뜨리고 말겠다는 집요한 본성 등이 복잡하게 얽혀 있기 때문이다. 이 중에서 자손을 퍼뜨리겠다는 본성이 가장 유력한 가설이다. 즉, 씨앗을 멀리 퍼뜨려 줄 동물들에게 열매가 잘 익었음을 알리기 위해 색과 향기를 내는 물질을 만든다는 것이다. 영글기 전까지 나뭇잎과 구분되지 않는 색으로 존재하는 것은 자신을 보호하기 위함이고, 영글면서 화려한 색으로 변하는 것은 확실한 존재감으로서 나를 멀리 데려가 달라고 어필하기 위함이라는 의미다.

조지 프레데릭 해리스의 〈과일 바구니 정물화〉(1901)

그럼 왜 저마다 색깔이 다른 걸까? 그 답은 2018년 독일 울름 대학 진화생태학 및 보전유전학 연구팀이 국제학술지 〈사이언티픽 리포트〉에 발표한 보고서에서 어느 정도 찾을 수 있다. 연구팀은 아프리카 동부 우간다와 마다가스카르에서 열대식물 97종의 잎과 열매의 색을 분석했고, 조류가 주로 먹는 열매의 색깔은 포유류가 주로 먹는 열매의 색깔보다 붉은색을 띤다는 결과를 얻었다. 열매를 따 먹는 동물의 종류에 따라 열매의 색이 다르다는 것이다. 이를 기반으로 세울 수 있는 가설은 '자신의 생육조건에 맞게, 그리고 과육을 좋아하는 동물의 기호와 취향에 맞춰 색을 변화시켰다'는 것이 된다.

최근 생명유지를 위해 반드시 섭취해야 하는 필수영양소는 아니지만, 섭취가 지속적으로 부족하게 되면 건강에 좋지 않은 영향을 미친다는 게 알려지면서 제7영양소로 불리며 관심을 받는 것이 있다. 식물을 뜻하는 그리스어 '파이토(phyto)'와 화학물질을 뜻하는 영어 '케미컬(chemical)'의 합성어인 '파이토케미컬(Phytochemical)'이다. 바로 이 물질이 과실들의 색깔에 결정적인 역할을 한다. 어떤 파이토케미컬을 많이 가지고 있는가에 따라 과실의 색과 효능이 달라지는 것이다. 그 종류만 600종 이상인 카로티노이드(Carotenoid)는 빨강·노랑·주황색 계통의 과채에 많이 함유되어 있어 시각기능 유지 및 황반퇴화 지연, 산화 방지를 통한 노화지연 및 항암효과 등에 효과를 보이며, 아사이 베리, 블루베리, 포도 등 짙은 보라색 과채에 많은 안토시아닌(Anthocyanin)은 강력한 항산화 작용을 하는 동시에 눈건강에 도움을 준다. 또 케일, 시금치 등 초록색 과채에 많은 클로로필(Chlorophyll)은 상처회복과 구취제거, 독소물질로부터의 해독, 위장관 효과와 항산화 등에 두루 효과를 나타낸다.

중요한 건 카로티노이드를 섭취하겠다고 사과를 먹는 건 좋지만, 사과를 먹는다고 꼭 카로티노이드를 섭취하게 되는 것은 아니라는 것이다. 카로티노이드 같은 파이토케미컬이 주로 짙은 색을 띤 부위에 많이 존재하기 때문에 껍질을 몽땅 벗기고 먹으면 헛수고라는 말이다. 껍질과 과육의 색이 같은 복숭아나 살구 등의 과일은 껍질을 벗겨 먹지만 색이 다른 사과 등의 과일은 함께 먹기를 권하는 이유다. 몰랐으면 모를까, 이제라도 알았으니 건강을 위해 껍질에 도전해보자. 바나나는 빼고!

어린왕자는 뽑았지만
아낌없이 주는 나무

"습관이 되어 있어야 해. … 아침에 일어나서 우선 세수를 하고 옷을 입는 거야. 그러고 나서 별을 돌보아줘야지. … 그걸 구별할 수 있게 되거든 바로 뽑아줘야 해. 아주 지루한 일이기는 하지만 어려운 일은 아니야."

소행성 B612에 혼자 사는 어린왕자는 매일 아침 일어나 가벼운 몸단장을 끝내고 나면 유난히 까탈스럽지만 유일한 대화친구인 장미를 위해, 쉬고 잘 작은 공간을 빼앗길 수도 있는 자신을 위해, 사방으로 뻗어 나가는 뿌리로 인해 산산이 조각날 위기에 처한 소행성을 위해 씨앗이 어디에서 왔는지 뽑아도 뽑아도 하루가 멀다고 싹을 틔우고 자라는 나무를 뽑는다. 바오바브나무다. 이때 사막에 불시착한 비행사는 "코끼리 한 떼가 몰려든다 해도 바오바브나무 한 그루를 다 먹어 치울 수 없다"고 비웃었다. 실제로 지구의 바오바브나무는 황량한 초지에 푸른 하늘을 어깨 위로 받치고 있는, 20m 키를 자랑하는 거인의 모습과 다르지 않다. 가까이에서는 한눈에 들어오지 않을 정도로 그 모습이 압도적이다. 그래서 아프리카에서는 숭배의 대상이다.

생텍쥐페리의 《어린왕자》에 실린 바오바브나무

바오바브나무의 일반명은 바오바브(Baobab)다. 어원은 '종자가 많다'는 의미를 가진 '부히밥(Buhibab)'에서 유래되었다는 설이 있다. 프랑스의 식물학자이자 탐험가인 마셀 아단손(Michel Aanson, 1727~1806)이 유럽에 소개하면서 존재가 널리 알려졌다. 종자, 즉 씨앗이 많은 것 치고는 사는 곳도 한정적이고, 종도 겨우 9종에 불과하다. 아프리카 동쪽, 세계에서 네 번째로 큰 섬인 마다가스카르에 6종이, 아프리카대륙에 2종이, 그리고 호주 북부에 1종이 자생한다. 여기에서 과거 대륙이 하나였다가 나뉘었다는 가설에 또 한 번 힘이 붙는다.

이름도 다양해서 열매가 달린 모양이 쥐가 달려 있는 것 같다며 '죽은 쥐 나무', 열매의 속이 부드럽고 먹을 수 있다 해서 '원숭이 빵 나무', 위로 넓게 퍼진 가지가 마치 뿌리를 닮았다고 해서 '뒤집힌 나무'라고도 한다. 대륙으로는 한정적이지만 비교적 넓은 지역에 분포하는 탓에 나라마다 부르는 이름도 다르다. 에티오피아 암하라어의 밤바(Bamba), 동아프리카 공용어 스왈리히어의

바오바브나무 사진
(19세기)

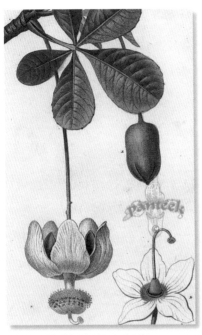
《의학식물도감》(1815)에 실린
바오바브나무 채색판화

음부유(Mbuyu), 마다가스카르 말라가시어의 레날라(Renala) 등이 그것이다.

모양도 이름도 특이하고 다양하지만, 바오바브나무에 존재감은 타의 추종을 불허하는 수명에 있다. 나이테도 희미한 데다 오래될수록 속이 비워지는 통에 정확한 나이를 알기 어렵지만, 탄소동위원소법으로 측정한 결과 1,800살이 넘는 바오바브나무가 실제로 존재한다. 비록 2009년에 벼락을 맞아 몇 개로 쪼개지기는 했지만 2,000년을 넘게 사는 나무라는 주장에 힘을 실어주기에 부족함이 없다. 우리나라 양평에 있는 용문사 은행나무의 수령이 1,100여 년인 것과 비교해도 어마어마하다. 물론 현지인들은 무려 5,000~6,000년을 산다고 주장한다. 문제는 5,000년이고 2,000년이고 어떻게 그렇게 오래 살 수 있는가다. 결론부터 말하면 천천히 자라기 때문이다. 이는 바오바브나무의 서식지가 건기와 우기가 뚜렷한 열대 사바나기후라는 데서 그 이유를 찾을 수 있다. 건기에 버틸 수 있는 특별한 구조를 갖고 있는 것이다.

식물은 거의 광합성을 하는데, 광합성을 위해서는 빛 외에 물과 이산화탄소가 필요하다. 물과 이산화탄소를 흡수해 빛으로 포도당과 산소를 만들어내는 과정이 광합성이기 때문이다. 그런

바오바브나무 삽화(19세기)

데 사바나기후에서 건기는 극악해서 동물들은 물을 찾아 떼로 이동하고 식물은 성장을 멈추거나 이도 여의치 않으면 말라 죽는다. 이때 바오바브나무는 광합성에 아주 적은 양의 물을 사용하고, 기공도 아주 조금만 열어서 수분을 덜 빼앗기는 방법을 선택했다. 그 결과 성장은 하되 아주 천천히, 그리고 아주 조금씩 하게 되었다. 천천히 성장한다는 것은 태어나 살고 죽는 인생주기가 길어졌다는 의미다. 개나 고양이에게 10~15년이 사람에게는 70~80년이 되고, 바오바브나무에게는 수천 년이 된 것이다.

그런데 최근 재생능력이 강해 상처를 입더라도 표피 등이 쉽게 재생되고, 불에 대한 적응력 또한 뛰어나 잘 타지도 않는 이 바오바브나무가 고사하고 있다. 원인은 아직 명확하게 밝혀지지 않았다. 다만 과학자들은 지구온난화에 따른 기온상승과 심각한 가뭄, 그리고 사막화의 확장을 원인으로 꼽는다. 바오바브나무는 뿌리로 땅속 깊은 곳에 있는 수분을 끌어와 최대 10만 ℓ까지 몸에 저장하면서 건기에 고통스러운 동물들에게 물을 제공해온 살아 있는 오아시스였다. 따라서 바오바브나무의 집단고사는 동물들에게 재앙이 될 수 있다. 사람이라고 예외일 수 있을까? 인간이 초래한 기후위기가 결국 인간을 향한 창으로 되돌아오고 있는 셈이다.

살기 위해
난 성을 버린다

　미의 신 아프로디테가 불의 신인 남편 헤파이스토스 몰래 상업의 신 헤르메스와 바람을 피워 헤르마프로디토스를 낳았다. 엄마를 닮아 아름다웠던 헤르마프로디토스는 님프 살마키스의 마음을 단번에 사로잡았다. 하지만 어린 헤르마프로디토스는 부담스러워서 살마키스의 적극적인 애정을 거부했고, 그럴수록 살마키스의 마음은 애정을 넘어 집착이 되어갔다. 결국 살마키스는 헤르마프로디토스를 강제로 껴안고는 신에게 '소년과 하나가 되어 떨어지지 않게 해달라'고 빌었고, 신은 살마키스의 소원을 이뤄주었다. 헤르마프로디토스와 살마키스가 하나의 몸이 되어버린 것이다.

조반니 안토니오 펠레그리니의 〈헤르마프로디토스와 살마키스〉(1708)

그 결과 헤르마프로디토스는 남성과 여성의 생식기를 모두 갖게 되었다. 이른바 '자웅동체(雌雄同體)'가 된 것이다. 신체적으로는 남성도 아니고 여성도 아니지만, 상대에 따라 남성이 될 수 있고 여성이 될 수도 있다. 개인적으로는 비극이지만, 남녀 성비가 극도로 기울어진 상태에서라면 '존속'에 있어서만은 유리한 일이겠다.

현실에서도 몇몇 동물은 짝짓기 상대의 성에 따라 암컷일지 수컷일지를 스스로 선택한다. 달팽이, 지렁이, 편형동물, 따개비 같은 것들이다. 성에 관계없이 일단 만나기만 하면 생식이 가능하기 때문에 멸종의 위기에서 비교적 자유롭다. 심지어 같은 종을 만나지 못하더라도, 아니 지구상에 유일하게 저 혼자 남았더라도 자가수정을 통해 후손을 남길 수 있다. 그런데 이와는 달리 주변환경에 따라 성을 바꿔버리는 것들도 있다. 바다거북은 섭씨 30~35℃에서 부화하면 모두 암컷이, 20~22℃에서 부화하면 모두 수컷이 된다. 두 온도 사이에서는 암수가 골고루 태어난다. 평소 수컷 한 마리가 대장 노릇을 하며 암컷 여러 마리를 이끄는 청줄 청소놀래기는 대장 수컷이 죽으면 암컷 가운데 가장 몸집이 큰 개체가 수컷으로 변한다. 망둥이의 한 종류인 오키나와 베니하제는 상황에 따라 암컷이 되었다가 다시 수컷이 되었다가 할 수도 있다. 감성돔이나 리본장어처럼 몸이 커지면 자연적으로 성이 뒤바뀌는 것들도 있다.

  식물의 성은 어떨까? 굴나무처럼 암꽃 수꽃을 한 개체에 모두 가진 것도 있고, 은행나무처럼 암수가 아예 다른 개체인 것들도 있다. 또한 호박이나 소나무처럼 한 개의 꽃 속에 암술과 수술을 모두 가진 것들도 있다. 이들은 동물을 자웅동체라고 하듯 자웅동주라고 한다.

마틸다 스미스의 천남성 채색화(1920)

마찬가지로 암수가 구분되어 있으나 성을 바꾸는 것들도 있다. 대표적인 것이 숙종의 비였던 희빈 장씨를 죽음에 이르게 했던 사약의 주재료로 알려진 천남성이다. 1개의 잎이 여러 갈래로 갈라져 독립된 모양을 하고 있는 천남성은 꽃가루를 받아 씨앗을 만드는 암꽃과 꽃가루를 만드는 수꽃이 각기 따로 피는 암수딴그루, 즉 자웅이주 식물이다. 꽃은 잎이 고도로 변태한 백합 모양의 불염포라고 부르는 포엽 속에 꽃잎과 꽃자루 없이 존재하는데, 이때 불염포는 생식기관인 암술과 수술을 각각 보호하고 빗물이 들어가지 못하게 막는 역할을 한다.

그런데 천남성의 특별함은 열매를 맺을 것인가 말 것인가를 스스로 선택한다는 데 있다. 그 방법은 성전환이다. 꽃을 피울 봄이 되었을 때 뿌리에 축적된 영양분이 적으면 수포기, 즉 수꽃을 피우는 개체가 되고, 그러다 영양분이 쌓여 20% 이상이 되면 열매를 맺을 수 있는 암포기로 전환한다. 만약 지난해에 열매를 맺어 영양상태가 개선되지 않으면 이듬해에 아예 꽃을 피우지 않거나 꽃을 피우더라도 암포기가 되지 않고 수포기인 상태를 유지한다. 게다가 이러한 천남성의 성전환은 한 번에 그치지 않고 평생 동안 계속된다.

반면 한라돌쩌귀는 수술만 먼저 피어 수꽃의 역할을 하다가 꽃가루를 다 내보내고 나면 뒤로 젖혀지면서 암술이 올라와 암꽃의 역할을 한다. 일종의 성전환이다. 그러나 천남성과 비교했을 때 영양상태에 따른 '선택'이 아닌 시간의 흐름에 따른 '변화'라는 점에서 같다고 보기는 어렵다.

천남성 꽃을 감싸고 있는
자루 모양의 꽃자루와 불염포

천남성은 예로부터 효능이 우수한 귀한 약재였다. 한번 열매를 맺으면 다음 해 열매를 맺을 수 없을 정도로 많은 에너지를 사용한다는 것은 곧 열매가 그 에너지를 품고 있다는 것이니 그럴 수 있겠다 싶다. 캐고 난 밭에 아무것도 심을 수 없는 인삼과 비슷하달까. 그러나 희빈 장씨가 그랬듯 잘못 또는 과다 사용하면 혈류를 팽창시켜 내출혈을 일으키고, 결국 과다출혈로 사망에 이르게 하는 위험한 약재라는 것도 사실이다. 성전환이 신기하다고 함부로 다뤄서는 안 된다는 말이다.

한편 일본 아이누족에게는 천남성에 대한 전설이 있다. 햇볕도 잘 들고 물도 많은 비옥한 땅을 차지하려는 식물들끼리의 세력다툼이 있었는데, 천남성은 결승전까지 올라갔지만 신맛이 있는 머루에게 지고 말았다. 그 후로 천남성은 하늘 높이 자라는 머루와 달리 패배에 기가 죽어 머루에게 베인 상처를 안고 땅바닥에 붙어 살게 되었다고 한다. 전설일 뿐이지만 뿌리에 있는 상처 같은 흔적을 보면 솔깃해지는 마음이 드는 건 어쩔 수 없다.

? **4부**

맛있는 식탁

비엔나에는
비엔나커피가 없다

진한 에스프레소 30㎖에 뜨거운 물 180㎖~200㎖를 넣은 다음 기호에 따라 설탕을 넣은 후 휘핑크림을 올린다. 카페 주인에 따라 시나몬 파우더나 초콜릿, 심지어 과자 등을 그 위에 올리기도 한다. 90년대 압구정 카페를 드나들던 소위 X세대가 즐겨 마신 커피다. 남세스러움과 설렘이 교차했던 드라마 속 거품키스가 유명세를 치르기 훨씬 이전부터 압구정을 누비던 그들은 푹신한 카페 소파에 몸을 푹 묻은 채 윗입술에 허연 거품덩이를 자랑스레 얹었다. 청바지에 손 하나쯤 꽂고 삐딱하게 짝다리를 하는 게 70년대 멋이었던 것처럼 뽀얗고 쫀득한 거품이 가득한 그 커피는 90년대를 상징하는 멋 중의 하나였다. 그 시절 그들은 그것을 비엔나커피라고 불렀다. 지금은 라떼나 카페모카, 바닐라라떼와 같은 것들에 자리를 내주기는 했지만, 비엔나커피를 메뉴판에 올려놓은 카페가 아예 없는 것은 아니다. 물론 지금 비엔나커피를 메뉴판에서 발견하게 되면 오랫동안 잊고 산 친구를 어쩌다가 만난 듯한, 처박아 뒀던 유물을 우연히 찾은 듯한 기분이 들 정도로 희귀한 메뉴이기는 하다.

대중문화로 자리 잡은 런던의 커피하우스(18세기)

커피 앞에 붙은 비엔나(Vienna)는 오스트리아의 수도 빈(Wien)의 영어식 표현이다. 그러니까 '빈 스타일의 커피'라는 말이다. 17세기 오스만제국군은 16만 대군으로도 침공을 완성하지 못하고 온갖 물건을 남긴 채 퇴각했는데, 그중에는 '검고 건조된 열매' 다섯 자루도 있었다. 빈 사람들은 오스만제국군이 그것을 끓여 마시는 것을 보기는 해서 정확히는 아니어도 먹는 것이라는 건 알고 있었다. 바로 커피였다. 이후 게오르크 프란츠 콜시츠키라는 무역상인이 커피하우스를 열고 '아랍의 음료', '어둠의 만병통치약'이라는 이름으로 커피를 상업화시켰고, 커피는 각성효과라는 달콤한 유혹으로 빈 사람들을 단숨에 사로잡았다. 이미 30년 전에 중동에서 지중해무역의 중심 베네치아를 거쳐 영국으로까지 커피가 전파된 상태였다는 것을 생각하면 꽤나 늦은 유행이었다.

하지만 모두가 우아하고 느긋하게 커피하우스에 앉아 커피를 마실 수는 없었다. 특히 시간에 쫓기고 언제 올지 모르는 손님을 기다리며 항상 대기해야 했던 영업용 삯마차 마부들이 그랬다. 그들의 처지는 커피에 설탕과 크림을 기호에 맞게 골라 넣으며 여유롭게 담소하는 커피하우스의 손님과 같을 수 없었다. 그래서 그들은 소위 '한번에 때려 넣기'를 선택했다. 또 크림을 섞을 여유는 고사하고 한 손으로는 항상 고삐를 잡고 있어야 했기 때문에 처음에는 위의 크림만을, 그리고 크림이 적당량 남았을 때 커피와 함께 마셔야 했다. 지금에야 '처음부터 섞으면 지저분해져서', 또는 '커피 한 잔으로 달콤함과 부드러움, 그리고 쌉싸름함을 차례대로 맛볼 수 있어서'라는 이유를 대지만, 실상은 마차 위에 대기한 채여서 거품이 커피에 녹아들 때까지 티스푼을 저을 수 있는 손이 없었던 탓이다. 최상을 위한 선택이 아닌 궁여지책일까, 그렇게 탄생한 것이 비엔나커피다.

오늘날 빈에는 1,000개가 넘는 카페가 있다. 하지만 그곳에서 '비엔나커피'를 달라고 하면 "뭐?"라는 답만 듣게 된다. 내 발음에 문제인가 싶어 '비엔나', '뷔엔나', 그도 아니면 '빈', '뷘'까지 여러 방식으로 혀를 굴려 봐도

빈 최초의 커피하우스 '블루보틀(푸른 병)'

답은 여전히 "뭐?"다. 옆 테이블 손님이 내가 원하던 그 비엔나 커피를 마시고 있다면 당혹감은 배가 된다. 옆 테이블을 가리키며 "저거"라고 하기엔 자존심이 허락하지 않는다. 그럴 때 이렇게 말하자.

"아인슈페너."

아인슈페너(Einspänner)는 독일어로 말 한 마리가 끄는 마차를 말한다. 그 마차를 끌던 마부들이 마시던 커피가 그대로 빈 커피의 이름이 된 것이다.

한 마리의 말이 끄는 마차,
아인슈페너

진상손님에 열 받은
주방장의 소심한 복수

자본주의사회에서 손님은 왕이 되었다. 호텔리어의 아버지라 불리는 세자르 리츠(César Ritz)가 처음 이 말은 썼을 때는 진짜로 그의 손님이 왕이었기 때문이었지 손님을 왕처럼 모셔야 한다는 의미가 아니었다. 빅토리아 여왕의 아들이었고, 후에 여왕의 뒤를 이어 왕이 된 에드워드 7세가 리츠의 단골손님이었으니까. 하지만 돈이 권력이 된 시대에 돈을 지불하는 손님은 왕처럼 군림하려 한다. 그러다 보니 손님을 상대해야 하는 가게 주인들은 진상손님은 숙명이라고 말한다. 이런 사람도 있고, 저런 사람도 있다면서 말이다. 음식점의 경우에는 유독 진상손님이 많다고 말한다. 맛있게 잘 먹은 탕그릇에 일부러 휴지를 넣어서 음식값 내기를 거부하는 사람도 있고, 식사를 마친 후 마음에 들지 않는 자리에 앉게 했다면서 정신적 피해보상을 요구하는 사람도 있다. 자신의 블로그에 홍보해줄 테니 돈을 내라는 둥 음식을 공짜로 달라는 둥 억지 요구를 하다가 거절당하면 커뮤니티에 가게에 대한 거짓 혹평과 악담으로 여론을 만들어 가게 주인들을 힘들게 하고 심지어 문을 닫을 수밖에 없는 지경으로 내모는 사람도 있다. 말끝마다 반말에 삿대질하는 것은 애교라고 자조하는 가게 주인들을 보면 괜히 미안하고 부끄럽다.

세계 최초 호텔체인 '호텔 리츠 파리'(1901)

그런데 진상손님 때문에 탄생한 먹을거리가 있다. 바로 얇고 바삭한 감자칩이다. 1853년 미국의 뉴욕주 새러토가스프링스에 있던 한 리조트 식당에 '미국의 철도왕'이라고도 불리는 금융업자 코닐리어스 밴더빌트가 찾아왔다. 그가 주문한 것은 감자튀김이었는데, 주문한 음식이 마음에 들지 않는다며 연신 퇴짜를 놓았다. 감자튀김이 너무 두껍다는 게 이유였다. 주방장 조지 크럼은 반복되는 퇴짜에 이를 갈면서도 새로운 감자튀김을 해야 했다. 어쨌든 손님이니까. 그러나 네 번이나 퇴짜를 맞자 화를 참을 수 없었고, 결국에는 '골탕 좀 먹어 봐라' 하는 심정으로 포크로는 먹을 수 없게 감자를 종이처럼 비칠 정도로 얇게 자르고 갈색이 날 정도로 바삭하게 튀겼다. 체면을 따지는 신사가 손으로 먹을 수는 없을 테니 난감할 거란 의도였다. 하지만 그 새로운 감자튀김은 밴더빌트라는 진상손님의 마음을 사로잡았고, 그날 그 식당에서 가장 많이 팔린 메뉴가 되었다.

그 후로 밴더빌트는 새로운 감자튀김을 자랑하고 다녔다. 덕분에 식당은 새로운 감자튀김을 찾는 사람들로 북적였다. 이런 열풍에 고무된 주방장 조지 크럼은 감자튀김 전문식당을 열고 동네의 이름을 따서 '새러토가칩(Saratoga-Chips)'이라는 이름을 붙였다. 하지만 사람들은 바삭바삭하다는 의미로 '크런치(crunches)'를 붙여 감자크런치, 포테이토크런치로 더 많이 불렀고, 공장화와 함께 마침내 포테이토칩, 즉 감자칩이 되었다.

1960년대 대량생산을
가동한 감자칩 공장

최고급 커피의
외면하고 싶은 불편한 진실

커피 한 잔의 가격? 아메리카노의 경우 카페마다 다르지만 대략 1,500원에서 6,000원 사이다. 그런데 한 잔을 마시려면 세종대왕님 한두 장으로는 어림도 없는 커피도 있다. 원두가격만도 최고등급의 경우 1kg에 200만 원이 훌쩍 넘는단다. 산미가 적고 풍부한 바디감에 쓴맛과 단맛이 조화로우며 부드럽다고 하는데, 영화 〈버킷리스트〉(2007)에서 죽음을 앞둔 시한부를 연기한 잭 니콜슨이 극중에서 '죽기 전에 마시고 싶은 음료'로 꼽기도 했다. 인도네시아 자바 지역 특산물인 '꼬피 루왁(Kopi Luwak)', 일명 루왁커피다.

아시아사향고양이를
주제로 한 라오스 우표

　코피(kopi)는 인도네시아어로 '커피', 루왁(luwak)은 인도네시
아 현지어로 '아시아사향고양이'다. 말레이사향고양이 또는 팜시
벳(Palm Civet)으로도 불리는 이 사향고양이는 잡식성으로 곤
충, 소형 포유류, 소형 파충류, 새의 알 및 갓 깬 병아리와 과일
등을 주식으로 하는데, 그중에서도 잘 익은 커피 열매를 좋아한
다. 물론 사향고양이가 원하는 건 외피와 과육뿐이다. 그 속의 씨
앗, 그러니까 사람들이 좋아하는 원두는 사향고양이에게는 씹어
먹기에는 너무 딱딱하고 맛있지도 않다. 그러다 보니 열매가 사
향고양이의 소화기관을 거치면서 외피와 과육이 제거되고 원두

만 통째로 배출된다. 그 과정에서 사향고양이의 위액이 원두 속 단백질을 분해해 향미를 더해주는 역할을 했고, 그것이 인간의 입맛을 사로잡았다.

그러나 루왁커피의 탄생은 비극에 기초한다. 18세기 초 인도네시아는 네덜란드 식민지였다. 네덜란드 거대 자본가들은 식민지에 농장을 세워 커피를 독점했고, 원주민들에게는 커피열매를 따지 못하게 했다. 이 때문에 원주민들이 얻을 수 있었던 것은 사향고양이의 배설물에 들어 있는 원두, 이전까지는 버려졌던 원두뿐이었다. 그렇게 탄생한 루왁커피는 그마저도 약탈한 네덜란드인들에 의해 상품이 되어 세계로 퍼져나갔다.

문제는 커피열매 1kg 중 원두의 무게는 30g 정도밖에 안 된다는 것이다. 이는 곧 사향고양이가 커피열매 1kg을 먹었을 때 얻을 수 있는 원두가 30g이라는 의미다. 그러다 보니 오늘날 자연산 루왁커피의 채집량은 연간 약 500~700kg 정도에 불과하다. 보통 이런 희귀성은 가격을 높이는 주요 원인으로 작용한다. 맛은 둘째 치고 루왁커피가 비싼 이유다. 심지어 그중 30% 이상이 타이완으로 수출되는 통에 나머지 100~200kg만을 세계 각국의 커피마니아들이 나누어 먹는 실정이다. 수요에 비해 턱없이 부족한 공급이다. 이런 현상은 사육생산에 대한 욕망을 일으켰고, 그 결과 고양이라고는 하지만 생김새는 고양이보다는 족제비에 더 가까워 보이는 생김새의 이 신기한 동물은 숲과 자유를 빼앗겼다. 그리고 오늘도 이 사향고양이는 철창 안에서 커피열매만의 편식을 강요받으며 영양실조와 카페인 중독에 허덕이고 있다. 쓸개즙을 얻겠다고 살아 있는 곰 가슴에 바늘을 꽂고, 녹용을 위해 사슴의 뿔을 자르며, 크고 기름진 간을 먹겠다고 거위 주둥이에 깔때기를 꽂고 사료를 억지로 들이붓는 것들과 크게 달라 보이지 않는다면 과장일까?

동남아시아에 가면 비싸지만 루왁커피를 아주 손쉽게 살 수 있다. 상인은 자연산이라고, 정글에서 직접 채취했다고 자랑하지만 속으면 안 된다. 자연산이 아니라 사육생산된 루왁커피다. 그도 아니면, 아니 대부분은 커피열매를 사향고양이의 배설물을 모아 놓은 통에 넣어 하루나 며칠 묵혔다가 꺼낸 것이다. 사향고양이의 소화기관을 거치지 않은 가짜인 셈이다. 그러니 루왁커피의 풍미도 있을 리 없다.

동물권보다 인간의 기호가 더 중요하다고 주장하고 싶은 사람도 있을 터다. 하지만 그 결과가 똥통에서 며칠 자고 나온 (우리식) 퇴비에 지나지 않는다는 현실은 찝찝하다 못해 씁쓸하다. 루왁커피를 향한 욕망이 클수록 그 욕망을 노린 욕심도 커진다. 일단 맛을 보고 알아차린다 한들 똥통에 들어 있던 가짜를 먹었다는 사실은 변하지 않는 것을…. 어쩌겠나, 과한 욕망이 부른 참사이려니 할밖에!

원두가 들어 있는
아시아사향고양이의
배설물

설탕 대체재 사카린의 탄생비화

1879년 콘스탄틴 팔베르그(Constantin Fahlberg)는 스승인 아이러 렘슨(Ira Remse) 교수와 유기화학 반응에 관한 연구를 진행하고 있었다. 화학자들의 실험이 대부분 그렇듯 팔베르그도 각종 시약을 섞고 끓이고 식히고 증발시키고 하는 작업을 반복하고 있었다. 그런데 한창 이 시약 저 시약들을 가지고 실험을 하던 때에 난데없이 전화벨이 울렸다.

팔베르그는 급한 마음에 손도 씻지 못한 채 서둘러 수화기를 집어 들었다.

"여보세…."

아이러 렘슨(왼쪽)과
콘스탄틴 팔베르그

팔베르그는 순간 할 말을 잊고 말았다. 전화기를 귀에 가져
가다가 손끝이 살짝 입술에 닿았는데 묘한 맛이 느껴진 때문이
었다.

'달다. 그것도 엄청나게….'

팔베르그는 머리에 벼락을 맞은 듯한 충격을 받았다. 그래서 수화기를 그대로 집어 던지고 실험대로 달려갔고, 그 위에 널린 시약들을 하나하나 확인하기 시작했다. 그러기를 한참, 팔베르그는 마침내 톨루엔(Toluene)을 클로르설폰산(Chlorosulfonic Acid)과 합성한 실험물에서 자연계에는 없는 물질, 벤조산 설피마이드(Benzoic Sulfimide)가 만들어졌다는 것을 발견했다. 렘슨과 팔베르그는 이날의 발견을 논문으로 발표해 세상에 알렸고, 특허를 출원했다. 그리고 공장을 세워 대량생산을 시작하면서 복잡한 화학명 대신 쉬운 이름을 붙였다. 사카린(Saccharin)이라고.

대중화된 사카린

몸은 움직이기 위해 에너지가 필요하고, 에너지는 포도당에서 나온다. 단맛은 이 포도당의 맛이다. 꿀, 설탕, 과일, 밥에서 단맛이 나는 것은 모두 포도당과 관련된 화학물질이 들어 있다는 의미다. 그런데 과거에는 단맛을 내는 먹을거리를 구하는 일이 쉽지 않았다. 꿀은 자연에서 생산되는 대표적인 단맛의 먹을거리였지만, 생산량이 많지 않아서 왕이나 귀족만 겨우 먹을 수 있었다. 사탕수수를 가공해 만든 설탕이 등장한 것도 20세기나 되어서다. 하지만 이 역시 아메리카나 아프리카에서 생산된 탓에 가격이 비싸서 돈 있는 사람들만 먹었다. 그런 의미에서 사카린은 일대 혁명이었다. 설탕보다 300배 이상 강한 단맛을 냈고, 게다가 체내에 흡수되지 않아서 그야말로 아무리 먹어도 제로칼로리였다. 혈중 포도당 농도에도 영향을 주지 않아 당 때문에 힘들어하는 사람에게도 제격이었다. 무엇보다 대량생산이 가능해 가격이 쌌다.

콜라가 그랬던 것처럼 사카린 대중화에도 전쟁이 큰 역할을 했다. 세계대전으로 물자가 부족한 상황에서 사카린이 비싼 설탕 대체재로 선택받은 것이다. 하지만 유해성 논란도 있었다. 1907년 미국에서 '식품에 포함된 사카린은 "불순물질"이므로 생산을 금지해야 한다'는 주장들이 나왔다. 결국 1911년 생산이 금지되었고, 70년대에는 안전한 물질목록에서 제외되었으며, '암을 유발하는 감미료'라는 빨간딱지가 붙었다. 하지만 2000년대에 와서 NTP(미국 독성물질 프로그램)가 인체실험을 통해 암을 유발한다는 누명을 벗겨 주면서 '사람이 사용해도 안전한 물질'로 공식 인정받았다.

황금보다 카카오

16세기 중앙아메리카 대부분을 지배하고 있던 아스테카제국은 귀한 손님이 왔을 때 자신들이 생각하는 것 중 가장 귀한 것을 선물로 주었다. 1520년 에르난 코르테스가 이끄는 에스파냐군이 평화사절을 가장해 테노치티틀란에 왔을 때도 제국의 지배자 몬테수마 2세가 직접 나서서 두 팔을 벌려 환영하고 선물을 내주었다. 선물은 까맣고 작은 콩들이었다. 한 달 후 코르테스들은 무기를 앞세워 제국을 집어삼킨 후 산처럼 쌓여 있을 황금을 고대하며 지하창고의 문을 열었다. 산처럼 쌓여 있는 자루들이 그들을 반겼다. 그러나 지하창고 벽에 메아리치는 환희의 꼬리가 사라지기도 전에 그들은 절망했다. 그 자루 안에 있던 것은 2만 개에 달하는 예의 까만 콩이었다. 카카오콩이었다.

카카오콩은 카카오나무의 열매로 중앙아메리카가 원산지다. 3,000년 전부터 자생했는데, 원주민들에게 그것은 날개 달린 뱀 케찰코아틀이 땅에 내려와 사람들에게 준 신의 선물이었다. 그래서 그들은 출산 선물로, 성년식의 몸치장 염료로, 사후세계를 살아갈 망자의 무덤에 함께 넣어주는 중요한 부장품으로 귀하게 여겼다.

아스테카제국의
코코넛상인

아스테카제국의
몬테수마 2세(오른쪽)와
〈코르테스에게 체포되는
몬테수마 2세〉

13세기에는 카카오콩으로 만든 음료에 바닐라향을 첨가해 황제와 귀족, 그리고 전사의 음료로 즐겼다. 이런 카카오가 유럽으로 건너간 건 몬테수마 2세 때로 잔인한 정복자 에르난 코르테스에 의해 제국이 몰락한 이후다. 하지만 대중적으로 알려진 것은 그로부터 100년이나 지난 뒤였다. 설탕을 첨가한 카카오 음료, 즉 코코아의 달콤쌉싸름함에 매료된 아라곤왕국의 페란도 2세가 독점을 위해 카카오 공표를 법으로 막아버린 탓이다. 이를 어길 시 대가는 사형이었다. 결국 필리페 4세의 딸 마리아 테레사 공주가 루이 14세와 결혼하면서 프랑스로 코코아와 진득한 초콜릿을 가지고 간 1660년에야 유럽 전역에 알려지게 되었다.

그랬던 카카오콩이 코코아에서 벗어나 막대 형태의 딱딱한 초콜릿이 된 것은 1847년 영국 제과기업 '프라이 앤 선즈'가 코코아로 만든 버터에 초콜릿 용액을 섞어 만들어 출시하면서부터다.

프라이 앤 선즈의
초콜릿 광고전단지

생일 미역국은
미신일까 과학일까

우리는 생일날 미역국을 먹는다. 하지만 민족별이나 국가별로 생일에 먹는 특별한 음식은 각기 다르다. 중국은 대부분 국수를, 서양은 케이크를 생일음식으로 꼽는다. 중국의 국수는 긴 면발처럼 오래 살게 해달라는 소망의 산물이다. 서양의 케이크는 그 모양처럼 둥근 달의 여신 아르테미스에게 바치는 음식이라고 한다. 아르테미스가 출산과 다산, 그리고 번영을 주관하는 여신이자 아이들의 수호신이기 때문이란다. 즉, 아르테미스를 상징하는 달처럼 둥근 빵을 만들어 여신에게 바치며 생일을 맞는 아이의 건강과 소원을 빈다는 것이다.

안톤 라파엘 멩스의 〈밤의 화신 아르테미스〉(1765)

그러면 우리는 왜 미역국일까? 지금도 병원이든 집이든 출산 후 기운을 차리기도 전 '첫국밥'이라는 이름으로 산모에게 미역국을 먹인다. 하지만 예전에는 산모가 먼저 먹지 않았다. 쌀밥과 냉수 한 사발과 함께 미역국이 놓인 상을 차려 놓고 두 손을 모아

치성을 드린 후에야 산모는 비로소 미역국을 먹을 수 있었다. 산모보다 먼저 정성스레 차린 미역국 밥상을 받는 이는 삼신할미다. 옥황상제의 명을 받아 인간의 출산을 돕고, 산모와 갓난아기를 보호하며, 자식 갖기를 원하는 부인에게 아기를 점지하는 여성형의 신이다. 지금에야 무속인들이나 받들지만, 우리 시대의 할머니들만 해도 아이를 낳지 못하거나 아이가 아프다거나 하면 새벽 정화수를 떠놓고 애타게 찾던 존재였다.

조선시대 삼신할미도
(국립중앙박물관)

아무튼 산모 머리맡에 두는 미역국은 아이를 무사히 낳도록 도와준 것에 대한 감사와 함께 앞으로도 산모와 아이의 건강을 지켜달라는 부탁이 담긴 일종의 제물이었다. 그럼 왜 하필 미역이었을까?

세계적으로도 해조류를 음식재료로 이용하는 예는 흔치 않다. 반면 우리 밥상에는 김, 다시마, 꼬시래기, 톳, 청각 등 다양한 해조류가 다양한 방식으로 가공되고 조리되어 올라간다. 3면이 바다인 데다가 주변 해역에 해조류가 풍부하고 다양한 가공법과 조리법이 있어 가능한 일이었다. 미역도 그중 하나였다. 2세기에 저술된 해설서 《이아(爾雅)》에도 우리의 미역이 언급될 정도로 품질이 좋았고, 당나라 역사서인 《당서(唐書)》에도 '함흥 앞바다에서 생산되는 미역의 맛이 뛰어나다'는 기록이 있다. 1123년에 고려에 사신으로 왔던 송나라의 서긍도 《고려도경(高麗圖經)》에 '고려사람은 신분의 높고 낮음을 떠나 모두 미역을 잘 먹는다'는 기록을 남겼다.

과학적으로도 미역에는 피를 맑게 하고 피를 만들어내는 효능이 있다. "고래가 새끼를 낳은 뒤 미역을 뜯어 먹어 산후의 상처를 낮게 하는 것을 보고 고구려 사람들이 산모에게 미역을 먹인다"라고 한 당나라 사람들의 기록처럼 우리 조상들이 고래를 보고 미역을 먹은 것인지는 알 수 없지만, 미역이 칼슘과 철, 요오드 등 무기질과 섬유질이 풍부해서 산모에게 좋은 식재료인 것은 분명하다.

한편 1907년 정미7조약(한일신협약)으로 군대가 해산(解散)되었다. 하루아침에 군에서 쫓겨나 실업자가 된 군인들은 대한제국을 야금야금 삼키던 일제의 서슬 퍼런 총칼 앞에서 터져 나오는 불만을 제대로 토로할 수도 없었다. 그래서 집단이 흩어진다는 해산(解散)과 아이를 낳는다는 해산(解産)의 발음이 같다는 것을 이용해 자신들의 신세를 풍자했다. "(해산(解散)으로) 일자리를 잃었다"를 이렇게 표현했다.

미역국을 먹었다.

이때부터 큰 시험이나 중요한 일을 앞두고 미역국은 절대로 먹어서는 안 되는 금지음식이 되었다.

콜라를 마시면
이도 삭고 뼈도 삭아?

짜릿한 달달함과 찌릿한 시원함에 자꾸만 찾게 되는 음료가 있다. 콜라, 사이다로 대표되는 청량음료다. 아무리 커피를 좋아해도 치킨이나 햄버거, 피자의 옆자리는 단연코 청량음료가 차지한다. 고기를 먹고 입가심을 위해서도 마시고, 과식으로 속이 더부룩할 때도 마신다. 지독하게 더운 날 갈증으로 속이 탈 때면 얼음 가득한 청량음료가 간절하다. 하지만 저는 입에 달고 살더라도 어린아이에게는 선뜻 건네지 않는다. 한눈을 파는 사이 아이가 입이라도 댈라치면 무슨 큰일이라도 나는 듯이 화들짝 요란을 떠는 부모가 한둘이 아니다.

1905년 코카콜라의
잡지광고

　특히 "콜라만은 안 돼"는 엄마들의 지상과제다. 이유는 "이와 뼈에 나빠서"란다. 실제로 콜라가 처음 세상에 등장했을 때 미국에서는 콜라를 마시면 피부가 검게 변한다, 이와 뼈가 녹아내린다, 심지어 마약이 들어 있어서 중독된다는 따위의 괴소문이 돌았다. 물론 '마약성분이 들어 있다'는 것은 사실이었다.

1886년 5월 탄생한 최초의 콜라는 코카인 원료인 코카나무의 잎과 열매를 끓여 만든 추출물에 설탕과 탄산수, 카페인을 첨가해 만들었다. 약사이자 발명가로서 처음 콜라를 고안해낸 존 스티스 펨버턴(John Stith Pemberton, 1831~1888)도 콜라의 코카인 성분이 기분을 좋게 하고 통증을 완화해 준다면서 적극적으로 홍보에 이용했다. 당시가 코카인의 제조와 판매가 법으로 금지되지 않은 시대였기 때문에 가능한 일이었다. 하지만 코카인의 위해성이 알려지고 금지 여론이 높아지자 콜라에 대한 부정적인 시선도 많아졌다. 결국 코카콜라사는 1903년 코카인 성분을 완전히 제거하고, 대신 콜라나무 껍질에서 추출한 원액에 캐러멜, 설탕, 향미료 등을 섞고 카페인의 함량을 기존보다 5배를 높여 세상에 내놨다. 지금 우리가 마시고 있는 코카콜라가 탄생한 것이다. 물론 아직까지 그 성분의 비율과 전체의 1%도 안 되지만 코카콜라의 맛을 좌우하는 그 무엇인가를 여전히 비밀로 하고 있지만!

그러면 코카인도 없는 "콜라를 마시면 뼈가 삭는다"는 말은 왜 나오는 것일까? 코카인에 대한 의혹을 미처 버리지 못한 사람들이 새롭게 범인으로 지목한 것은 음료에 들어가 있는 탄산가스였다. 한마디로 탄산가스가 칼슘을 빼앗아 치아와 뼈를 손상시킨다는 것이다. 결론부터 말하자면 "반만 맞다"쯤 될까? 일단 탄산가스에는 죄가 없다. 탄산가스는 위벽을 자극하기는 해도 뼈에 영향을 주지 않는다. 그렇다면 콜라가 무죄냐고? 그건 아니다. 콜라에 들어 있는 '카페인'이 이뇨작용을 일으켜 칼슘 흡수를 방해할 뿐 아니라 소변으로 칼슘을 빠져나가게 한다. '인산' 또한 장에서 칼슘 흡수를 방해해 뼈 손실을 증가시킨다. 콜라 250㎖ 1캔에 들어 있는 각설탕 7개 분량에 해당하는 당분 역시 칼슘 배설을 한층 더 활성화시킬 뿐만 아니라 뼛속 마그네슘을 빼앗아 골밀도를 떨어뜨린다. '삭는다'라고 하기는 어려워도 많이, 오래 마시면 뼈가 약해질 수 있는 요인으로 작용할 수 있는 것만 분명하다.

그렇다고 탄산가스가 완전히 무죄냐면 그것도 아니다. 당분이 입속 세균을 증식시키면 치아부식이 심해지는데, 이때 탄산은 입속 산도를 높여 치아손상을 가속화한다. 여기에 이까지 닦게 되면 마모의 정도가 더 심해진다. 그래서 전문가들은 콜라 같은 탄산음료를 될 수 있으면 적게 마시고, 마실 때는 빨대를 이용하거나 얼음을 넣어 희석해 먹으며, 마시고 난 후에는 맹물로 가글을 하고 30분 지난 후에 양치하기를 권한다. 참 맛있는데, 참 귀찮은 콜라다.

1907년 코카콜라는 피로를 푸는 음료로 FDA의 승인을 받았다는 것을 홍보전략으로 삼았다.

한편 콜라가 세계적으로 널리 퍼지게 된 것은 제2차 세계대전 때문이었다. 코카콜라사가 전 세계에 주둔한 미군기지에 코카콜라 자동판매기를 설치하고, 미군을 대상으로 술 대신 알코올 성분이 없는 코카콜라를 마시라고 홍보했던 것이다. 병사들로서는 주둔지 인근의 더러운 물을 마시지 않아서, 지휘부로서는 취한 병사들 때문에 벌어지는 혼란이 줄어들어서 좋았단다. 그 결과 미군이 1943년 한 해에 마신 콜라는 7,500만 병에 달했다. 오죽하면 당시 미군들 사이에 이런 말이 돌았을까?

총알이 없으면 맨주먹이나 삽을 들고
육박전을 벌이면 되지만,
코카콜라 없이는 단 하루도 전쟁할 수가 없다.

세계대전 중 미군은 부대 내에 콜라판매기를 두고 휴식 중 물 대신 콜라를 즐겼다.

황태자를 죽인
돼지의 선물

1131년의 어느 날, 파리 시내 곳곳에 루이 6세의 이름으로 공고문이 붙었다. '금일부터 파리 시내에서 돼지사육을 금지한다'는 것이었다. 바로 전날 돼지가 달려든 통에 필리프 황태자가 낙마해 죽었기 때문이다. 이 사고는 시내에서 돼지를 풀어놓고 키웠기 때문에 일어났다. 당시 유럽에는 목욕탕과 화장실이 없었다. 고대로마가 건설했던 목욕탕과 화장실이 중세의 기독교 중심의 세상을 거치면서 파괴되었기 때문이다. 화장실이 없으니 대소변은 거리에 마구 버려졌다. 음식쓰레기도 마찬가지였다. 당시 유럽의 거리는 말 그대로 화장실이었고 쓰레기장이었다.

필리프 황태자의 낙마사고

　대신 그들은 돼지를 풀어 키웠다. 그들에게 돼지는 도시의 청소부였다. 게다가 잘 자랐고, 맛도 좋았다. 따라서 시내에서 돼지사육을 금지한다는 것은 위생의 문제는 둘째 치고 신선한 고기를 더 이상 먹을 수 없다는 의미였다. 마차를 이용한 운송으로는 다른 지역의 돼지고기를 공급받을 수 없었으니까. 결국 그들은 기름이 적은 돼지 넓적다리 고기를 소금 항아리에 묻어 삼투압으로 수분을 제거하고, 여기에 나무향이나 숯향을 입혔다.

물론 기원전 1000년쯤 고대그리스에서도 소금에 절인 고기를 먹었다. 고대로마의 군인들 역시 원정길에 소금에 절인 고기를 가지고 갔다. 하지만 이때는 그저 짜고 마른 육포에 가까웠다. 이것을 훈제해 풍미를 살린 것이 바로 프랑스 사람들이 만든 가공육이다. 오늘날 우리가 먹는 햄과 베이컨이다.

가축들과 도로를 공유한
중세 유럽의 도시 풍경

거위냐 칠면조냐, 추수감사절 메인요리

매년 11월 넷째 주 수요일 미국 백악관에서는 특별한 행사가 열린다. 만찬을 위해 사육한 칠면조 중 한두 마리를 대통령이 직접 골라내 살려 보내는 소위 '칠면조 사면식(Turkey Pardon)'이다. 링컨 재임 시절 링컨의 아들이 백악관에서 사육하던 칠면조를 아낀 탓에 차마 도축하지 못하고 백악관 뜰에 풀어준 일에서 유래했단다. 이때 사면을 받은 칠면조는 남은 여생을 버지니아공대에 있는 사육장에서 안락하게 보낸다. 물론 선택받지 못한 칠면조들은 모두 만찬식탁 위에 올라간다. 추수감사절 메인요리로 말이다.

르네상스시대 박물학자 울리세 알드로반디의
《조류학》에 실린 칠면조 세밀화

　추수감사절(Thanksgiving Day)은 미국인들에게 가장 큰 명
절이다. 11월 넷째 주 목요일, 이날 미국인들은 온 가족이 모여
한 해를 잘 보낸 것에 기뻐한다. 그리고 우리가 추석에 송편을 먹
듯 구운 칠면조를 먹는다. 이날 하루 소비되는 칠면조가 4,500만
마리에 달한다고 한다. 미국 인구가 3억 3,000명 정도이니 보통
7명에 한 마리꼴로 먹어치우는 셈이고, 한 마리가 7.3㎏인 것을
생각하면 한 명이 한 끼에 1㎏ 정도를 먹는 셈이다. 우리나라 프
랜차이즈 치킨 한 마리의 중량이 적게는 650g에서 많아 봐야
900g인 것을 생각하면 1인 1닭을 훌쩍 초과하는 양이다.

초기 미국 이민자들은 추수 후 온 가족이 감사기도를 하고(위)
정착과 추수를 도와준 인디언들과 음식을 나눴다.

말 그대로 추수가 잘 끝난 것에 감사하는 이 날은 성경에서 그 기원을 찾을 수 있다. 카인과 아벨이 추수 후 지낸 제사가 그것이다. 이와 비슷한 명절은 유대인의 칠칠절, 수장절 등으로 시대에 따라 이름과 내용을 달리하며 각 민족의 고유풍습으로 이어졌다. 그러다 기독교와 결합하고 종교행사로 틀을 갖추게 된 것은 17세기 신앙의 자유를 위해 영국에서 미국으로 건너간 청교도들에 의해서였다.

청교도들은 메이플라워호를 타고 65일간의 고된 항해 끝에 미국에 도착했으나, 도착 첫해 추위와 굶주림으로 102명 가운데 44명이 죽었다. 그런 그들에게 인디언들이 곡물을 나눠주고 농사짓는 방법도 가르쳐 주었다. 그 결과 정착 이듬해인 1621년 풍성한 가을걷이를 할 수 있었고, 청교도들은 도와준 인디언들을 초대해 추수한 곡식과 칠면조 고기 등을 함께 먹으며 신대륙에서의 첫 추수감사절을 보냈다. 이후 1623년 매사추세츠주는 추수감사절을 공식적인 절기로 선포했고, 1789년에는 초대 대통령 조지 워싱턴이 국가의 절기로 선포했다. 이후 잠시 폐지되었다가 1863년 링컨이 재선포하면서 오늘까지 이어져 오고 있다.

그럼 왜 칠면조일까? 원래 17세기 이전 유럽에도 추수를 축하하는 절기가 있었다. 이때 귀족들은 백조나 왜가리를, 서민들은 거위를 잡아 요리했다. 하지만 이민 초창기 청교도들에게는 거위마저 그림의 떡이었다. 그런 때에 눈에 든 것이 바로 당시 미대륙에 흔했던 칠면조였다. 게다가 가을이면 겨울을 나기 위해 살이 통통하게 오르는 데다 기름층이 형성되어 맛도 좋았으니 가을 추수감사절 요리재료로 그야말로 딱이었다. 결국 칠면조는 굶주린 청교도들에게 우수한 단백질 공급원이 되어주었다. 칠면조의 퍽퍽하고 다소 떨어지는 식감을 이유로 당시의 척박한 환경을 되새기자는 의미에서 칠면조가 추수감사절 메인요리가 되었다는 이야기도 있으나, 설사 그런 의미가 있다 하더라도 가난한 이들에게 최고의 요리재료였다는 것은 부인할 수 없을 듯싶다.

칠면조 구이와 함께하는
추수감사절(70년대 미국 포스터)

귀차니즘으로 탄생해
모략으로 이용되다

한 손으로 먹기도 좋고, 좋아하는 것들만 먹기에도 좋다. 탄수화물은 물론이고 단백질, 무기질 등 다양한 영양소까지 채울 수 있다. 샌드위치다. 간식으로도 좋고, 한 끼 식사여도 부족하지 않다. 인류는 이런 음식을 오래전부터 먹어왔다. 기원전 2000년 소아시아의 히타이트제국 병사들은 전쟁할 때 빵 사이에 고기를 넣어 먹었고, 고대로마 사람들은 점심과 저녁 사이에 빵 사이에 다양한 재료를 넣어 먹었으며, 기원전 1세기 유대인들은 누룩을 넣지 않은 빵에 양고기와 허브를 얹어 먹었다. 하지만 '샌드위치'를 먹었다는 기록은 없다. 샌드위치는 18세기의 산물이니까.

샌드위치의 탄생, 그 중심에는 존 몬테규(John Montagu, 1718~1792)라는 영국사람이 있다. 그는 정치인이자 군인이었는데, 지나치게 성실해서 한번 일에 빠지면 시간 가는 줄 몰라 매번 끼니를 놓쳤다. 그에게는 여행 중에 이동하면서도, 또 일하면서도 먹을 수 있는 간편한 음식이 필요했고, 그래서 고안해낸 것이 빵 사이에 고기와 각종 채소를 끼워 먹는 샌드위치였다.

존 몬테규, 샌드위치 백작(왼쪽)과
18세기 귀족사회 남성들의 저녁모임

물론 처음부터 샌드위치라고 한 것은 아니었다. 그가 먹는 것을 본 남성 귀족들이 파티나 모임에 간단한 요깃거리로 즐기게 되면서 '샌드위치'로 불리게 되었다. "샌드위치 백작이 먹는 거"라는 의미였다. 몬테규가 켄트주에 위치한 샌드위치 지역을 영지로 가진 '샌드위치 백작'이었던 것이다. 하지만 정작 샌드위치를 유명하게 한 건 소문이었다. 몬테규가 식사도 마다할 정도로 도박에 빠졌고, 이를 안타깝게 여긴 그의 하인이 샌드위치를 만들었다는 악의적인 소문이었다.

그런데 그 소문의 중심에는 토리당(보수당)이 있었다. 몬테규는 영국 해군성 사람이었고, 쿡 선장의 하와이 개척을 추진케 도와준 인물이다. 유능한 인재였지만, 판단실수로 영국함대의 몰락과 나라의 위기를 자초해서 정치권과 시민들에게 강력한 비판을 받게 되었다. 이런 때에 영국 의회를 양분하고 있던 토리당이 앞장서서 휘그당(현재의 자유당) 소속의 몬테규를 중상모략하고 나섰다. 즉, 몬테큐를 모략함으로써 그가 속한 휘그당이 국민에게 밉보이도록 심리전술을 쓴 것이다. 이렇게 해서 탄생한 것이 "샌드위치는 도박중독자가 만든 음식"이라는 오명이었다.

? 5부

나를 둘러싼 일상

자동차의 원조는 전기자동차

최초의 자동차는 산업혁명의 주역인 증기를 동력으로 하는 차였다. 1769년 프랑스 장교 니콜라 조제프 퀴뇨(Nicolas-Joseph Cugnot, 1725~1804)가 군수물자를 운반하려고 개발한 것이 최초다. 그리고 우리가 지금 타고 있는 가솔린엔진을 장착한 자동차의 역사는 1886년 메르세데스-벤츠의 창업주 카를 프리드리히 벤츠가 개발한 삼륜차로부터 시작되었고, 요소수대란을 이끌었던 디젤차는 1897년 루돌프 디젤이 실용화하면서 세상에 등장했다. 물론 디젤엔진을 단 자동차가 상용화된 것은 그로부터 25년여가 지난 1923년으로 벤츠사가 디젤엔진을 장착한 트럭을 선보이면서였다. 가솔린보다 열효율이 높아서 대형차량이나 선박 등 다양하게 활용할 수 있다는 점에서 인기를 끌었고, 결국 이런 인기는 1936년 일반 대중을 겨냥한 디젤승용차를 탄생시켰다. 그 후로 디젤자동차는 가솔린자동차와 함께 내연기관자동차의 전성시대를 이루며 발전해왔다.

그런데 '전기차는 자동차의 미래이자 과거다'라는 말이 있다. 미래인 것은 그렇다고 해도 왜 과거인 걸까? 그것은 전기차의 역사가 가솔린차보다 30년이나 먼저 시작되었기 때문이다. 전기차

로버트 앤더슨과 최초의 전기차 '원유전기마차'(1834)

는 1834년 스코틀랜드의 로버트 앤더슨이 발명한 '원유전기마차'로 시작되어 1886년에 토마스 파커에 의해 상용화되었고, 1882년엔 영국의 윌리엄 아일턴과 존 페리의 전기삼륜차로 발전해 급속하게 보급되었다. 그 중간쯤인 1865년 G.플랑테가 축전시를 발명해준 덕분이었다.

1900년대 초 전기택시(위)와
전기차를 충전하는 모습

가솔린차가 개발된 이후에도 배터리의 성능이 부족하고 비쌌지만 전기차의 수요는 여전했다. 기술적인 결함으로 가솔린차의 폭발사고가 빈번했기 때문이다. 여기에 전기차는 악취나 연기가 없고 운전과 조작이 비교적 쉽다는 이유까지 더해져 여성을 위한 차로 1920년경까지 제작되었다. 하지만 사람들의 생활반경이 확대되면서 저용량 배터리라는 한계에 발목이

디트로이트 일렉트릭사의
전기자동차 광고

잡혔고, 내연기관차가 악취와 연기, 폭발의 위험성에서 벗어나게 되자 마침내 자리를 내주고 시장에서 완전히 사라졌다.

오늘의 전기자동차는 미래 아닌 현재의 자동차로 도로를 점유해가고 있다. 하지만 이는 근래의 연구성과가 아니다. 환경문제가 인류의 과제로 떠올랐던 1950년대부터 시작된 무려 70년짜리 결과물이다.

멋이 아니라
열등감의 산물

중세시대 유럽에는 위생에 대한 개념이 없어서 하수시설이 거의 없었고, 심지어 화장실도 따로 없었다. 그러다 보니 거리에는 사람이나 동물의 대소변이 흘러넘쳤고, 포장도로가 아니었던 탓에 비가 온 날의 흙길처럼 항상 대소변 진창이었다. 없는 사람들이야 포기하고 살았지만, 귀족들은 옷을 버리지 않기 위해 특단의 조치를 생각해냈다. 바로 굽이 높은 신발이었다. 이런 신발은 귀족 남녀 모두에게 해당했는데, 신발 디자인에 더 까다로웠던 고객은 남성들이었다. 여성들은 드레스를 입어서 신발을 보이는 일이 적었기 때문이다.

굽이 높은 신발이 남성 귀족들에게 유용한 아이템이었다는 것은 패션에만 국한된 것은 아니었다. 말을 탈 때 굽을 등자에 걸치면 몸을 지탱하는 데 유용했던 것이다. 미국 서부개척시대 카우보이들의 부츠굽이 중세 기사들의 굽에서 시작했다고 해도 과언이 아니다.

17세기 귀족들의 승마부츠

뒷굽이 높은 구두, 하이힐(High-heels)이 역사에 처음 등장한 것은 기원전 3500년경으로 고대이집트 고위귀족들이 자신의 지위를 과시하기 위해 신었다. 반면 중세 때는 거리의 오물을 피하고 승마를 편하게 한다는 실용 때문에 신었다. 이랬던 하이힐을 패션아이템으로 대중화시킨 공로는 프랑스의 태양왕 루이 14세에게 있다.

고대이집트 벽화(BC.350, 위)와
17세기 귀족들

다섯 살에 왕이 된 그는 소년 시절 키가 유난히 작았고, 성인이 되어서도 160㎝에 불과했다. 때문에 독일이나 북유럽에서 온 키 큰 외국사절에게 느끼는 열등감을 30㎝가 넘는 가발과 10㎝가 넘는 하이힐로 만회하려 했다. 그 후로 하이힐은 고위층만의 전유물로 부와 권력을 드러내고자 하는 욕망의 수단이 되어 유행을 이끌었다. 혁명 때 왕비 마리앙투아네트는 단두대에 오르던 순간에도 하이힐을 신었다. 하지만 이 때문에 하이힐은 부패하고 타락한 왕실의 상징이 되었고, 혁명 이후 사람들은 대부분 하이힐에서 내려왔다. 그러나 자신을 과시하고 자존심을 세우고 싶어 하는 욕망은 여전해서 부유층 여성들의 드레스 속 패션으로 이어졌고, 이런 이유로 근세 이후에는 육체노동을 할 필요 없는 부유층 여성의 상징이 되기도 했다.

귀족의 하이힐(18세기, 오른쪽)과 평민의 가죽신

숫자와 색깔에 숨어 있는
버스의 비밀

2014년 도로명주소가 전면시행됐다. 그 이전 우리나라의 주소체계는 일제강점기에 시작된 지번주소였다. 그런데 지번이 생성된 순서에 따라 부여되어서 토지의 분할이나 합병 등이 있을 때마다 질서가 흐트러졌다. 10번지 옆이 11번지가 아니라 100번지인 일도 흔해서 주소만으로 특정 장소를 찾는 일이 매우 어려웠다. 또 대도시 주거형태의 대부분을 차지하는 아파트에서는 단지가 대규모일수록 지번을 해당 아파트의 이름으로 대신하는 바람에 이미 지번의 기능을 상실한 상태였다. 그래서 도입된 것이 일본과 태국을 제외한 세계 대다수의 나라가 사용하고 있는 도로명

주소다. 도로를 크기에 따라 '대로, 길, 로'로 구분하고, 건물의 위치를 정문과 만나는 도로를 기준으로 붙이는 방식이다. 덕분에 택배나 우편을 배달하는 분들의 수고가 한결 덜어졌다는 건 덤이다.

규칙을 잃어버린 것에 일관된 새 규칙을 부여하는 것은 편의를 위해서다. 그런 의미에서 버스도 같은 길을 걸었다. 시내버스와 시외버스로만 양분되던 과거의 단순한 구분에서 벗어나고, 번호만으로는 목적지로 가는 버스를 찾기 어려웠던 번호체계를 일괄 조정했다. 2004년 7월 1일, 버스 노선과 번호, 요금 등의 체계에 대한 개편이 그것이다. 이에 따라 노선의 이동거리를 기준으로 버스의 색깔이 4가지로 다변화되었고, 노선을 기준으로 버스의 일련번호를 체계화했으며, 각 정류장에도 고유의 번호를 부여했다.

그렇게 해서 바뀐 색깔이 파랑, 초록, 노랑, 빨강이다. 노선의 이동거리로만 보면 이 중에서 노선이 가장 긴 것이 서울과 수도권 도시를 연결하는 빨강의 광역버스고, 그 다음은 지역 간 중·장거리를 운행하는 파랑의 간선버스다. 초록의 지선버스는 지하철 노선과 연결하면서 지역을 운행하고, 노랑의 순환버스는 주요 도심 지역만 순환하며 운행한다. 한 예로 서울에 사는 사람이 버스를 타고 경기도에 가려면 빨강을, 중간에 지하철로 갈아타려면 초록을 기본으로 해서 번호를 찾으면 된다.

색깔에 따른 버스 구분

버스번호에도 규칙이 있다. 이를 이해하려면 먼저 서울 8개 권역에 따라 0부터 7까지 부여된 고유번호를 알아야 한다. 권역번호는 중심부인 종로 등을 0으로 하여 북쪽부터 시계방향으로 번호가 부여되었다.

권 역	서울지역	권 역	수도권
0	종로, 중구, 용산	1	의정부, 양주, 포천
1	도봉, 강북, 성북, 노원	2	구리, 남양주
2	동대문, 중랑, 성동, 광진	3	하남, 광주
3	강동, 송파	4	성남, 용인
4	서초, 강남	5	안양, 과천, 안산, 수원…
5	동작, 관악, 금천	6	인천, 부천, 김포, 광명…
6	강서, 양천, 영등포, 구로	7	파주, 고양
7	은평, 마포, 서대문		

버스번호에서 가장 앞자리는 대체로 권역을 의미한다. 예를 들어 권역과 권역을 이동하는 간선버스의 번호는 '출발지 권역번호 + 도착지 권역번호 + 0~9까지의 일련번호'로 이루어져 있다. 예를 들어 은평구(7)에서 동작구(5)로 가려면 '75'로 시작하는 버스 중에서 선택하면 된다. 지선버스도 규칙은 똑같지만 일련번호

가 '0~99'까지여서 버스번호가 네 자리다. 광역버스의 경우에는 '광역버스 구분번호 9 + 출발지 권역번호 + 일련번호 '0~99', 한 권역 안에서만 운행하는 순환버스의 경우는 해당 권역번호만 붙여 두 자리로만 구성된다. 즉, 9703번 빨강버스는 파수·고양 지역에서 출발하는 광역버스란 의미고, 41번 노랑버스는 강남지역만 운행하는 순환버스라는 의미다.

한편 지하철의 각 역도 버스처럼 고유한 숫자를 갖는다. 다만 버스와 달리 노선이 복잡하지 않아 '노선번호 + 일련번호'로 단순하게 구성되고, 시청역을 기준으로 시계방향 순으로 정한다. 예를 들어 지하철 2호선 서울대입구역 번호는 228번인데, 이는 2호선이고 시청역에서부터 28번째 역이라는 의미다. 같은 원리로 직전 역인 낙성대역은 227, 다음 역인 봉천역은 229가 된다. 3호선이나 4호선처럼 개통 당시 훗날 노선이 연장될 것이 확실했던 경우에는 당시 출발역의 일련번호를 1로 하지 않고 10~20 정도로 하는 등 앞자리를 비워두었다. 1985년 3호선 최초 개통 당시 출발역이었던 구파발역의 번호가 320이 된 이유다.

크리스마스엔
왜, 하필 양말?

소아시아의 미라(Myra)라는 도시에 착하고 예쁜 딸을 셋 둔 귀족이 살고 있었다. 귀족이었지만 가난한 탓에 늘 굶주렸고 헐벗었지만, 딸들은 불평하지 않고 밝게 잘 자랐다. 그러다 어느덧 딸들이 결혼할 나이가 되었다. 시간이 갈수록 아버지의 시름도 깊어갔다. 딸들을 결혼시키는 데 필요한 지참금이 없었기 때문이다. 아니, 결혼은 고사하고 당장 끼니도 어려웠다. 심지어 그간의 빚 때문에 딸들을 사창가에 팔아야 할 지경이었다. 아버지의 한숨은 그 지역 주교의 귀에까지 들리게 되었다. 주교는 그들의 딱한 처지를 외면할 수 없었다. 어떻게 해야 그들의 마음을 다치게 하지 않으면서도 도움을 줄 수 있을까 고민했고, 그의 고민은 마침내 한 가지 방법에 도달

했다. 크리스마스 전날 밤, 주교는 사람들 눈을 피해 그들의 집으로 갔다. 그리고 집 안으로 무언가를 던져 넣은 후 누가 볼세라 서둘러 교회로 돌아 왔다.

다음 날 아침, 세 딸은 어젯밤 잠들기 전 난로에 걸어두었던 제 몫의 양말 걷었고, 양말 안으로 발을 집어넣었다. 다음 순간 세 딸은 누구랄 것 없이 모두 이상한 느낌에 발을 도로 빼냈고, 양말을 뒤집어 흔들었다. 그러자 양말이 황금덩이를 우수수 쏟아냈다. 어젯밤 주교가 던진 황금이 하필 말 리느라 난로에 걸어놓았던 세 딸의 양말 속으로 들어간 것이었다. 그러나 주교가 준 것인지 알 리 없는 그들은 하느님의 은총이라 여기고 감사의 기 도를 올렸다. 이날의 이야기는 입을 타고 온 마을에 퍼졌고, 그 후로 아이 들은 바라는 것이 있을 때 크리스마스이브 밤에 자기 양말을 난로 위에 걸 어두고 잠자리에 들었다.

세월을 거치면서 난롯가에 양말을 걸어두는 풍습은 크리스마 스에 남몰래 선물을 주는 미풍으로 발전했다. 이렇게 아름다운 크리스마스 풍습을 만들어낸 이, 가난한 집 안으로 몰래 황금을 던져 넣은 이가 바로 산타클로스의 원형이자 어린이·죄수·선 원들의 수호성인인 성 니콜라우스다.

220

성 니콜라우스의 생애를 묘사한 러시아 이콘(16세기)

성 니콜라우스(Saint Nicholas, 270~343)는 동로마제국에서 활동했던 기독교 성직자다. 하늘의 계시를 받아 미라의 주교가 되었는데, 예수와 성모마리아로부터 성서와 주교용 견의(오모포리온)을 받을 정도로 신의 사랑을 받은 인물이다. 그러나 그보다 그

얀 스텐의 〈성 니콜라우스 축일〉(1685)

를 여전히 성인으로 추앙받게 하는 것은 그가 사회적 약자를 돌보는 일에 진심이었다는 점이다. 앞선 세 딸과 양말의 일화도 그가 가진 진심의 한 조각이었다. 그런 봉사와 헌신이 일상이었던 그의 일생은 훗날 크리스마스이브를 추억하게 하는 '산타클로스의 선물'이라는 전통을 낳았다.

성 니콜라우스로부터 시작된 크리스마스 전통은 중세 내내 이어졌다. 그러다 16세기 구교의 부패에 맞서 신교가 종교개혁을 일으키면서 구태로 낙인찍히고 유럽 전역에서 사라지고 말았다. 그런데 이 전통을 유지한 곳이 있었다. 아이러니하게도 신교를 대표하는 네덜란드였다. 네덜란드 아이들은 종교개혁 이후에도 성 니콜라우스 축일의 밤이면 벽난로에 나막신을 걸어두었다. 그러다 17세기 북아메리카 대륙으로 이주하면서 크리스마스 전통도 함께 가져갔다. 또 그들은 '산타클로스'라는 이름의 탄생에도 이바지했다. 성 니콜라우스의 라틴식 표기 '상투스 니콜라우스(Sanctus Nicolaus)'를 '신트 니콜라스(Sint Nikolass)'라고 쓰다가 점점 '신터(또는 신테)클라스(Sinter klass)'라고 불렀는데, 이것이 이주 영국인(청교도인)들에게 흡수되면서 영어식으로 '산타클로스(Santa Claus)'가 된 것이다.

저것과 저들의
차이에서 온 오해

용병은 대가나 보수를 받고 다른 나라나 집단을 위해 싸우는 군대다. 보통 군사력이 약한 나라가 외국의 군사나 군대를 일정 기간 고용하고 대가를 지불하는 방식으로 운영된다. 역사적으로 세계 최고의 용병이라고 하면 14세기에는 에스파냐의 알모가바레스 용병, 15세기에는 스위스·이탈리아·독일의 용병들, 19세기에는 네팔과의 전쟁 중 영국에 의해 양성된 네팔 구르카족의 구르카 용병 등을 꼽는다. 그중에서도 구르카 용병은 오늘까지도 이름을 떨치고 있는 단연코 세계 최고의 용병이다. 이들은 20세기 제2차 세계대전 중에도 동남아시아의 밀림지역에서 활약했

세계 최고의
구르카 용병(19세기)

고, 21세기에도 시리아·아프가니스탄 등에서 활약했으며, 지금
도 인도와 싱가포르에 고용되어 있다. 특히 싱가포르는 2018년
6월 12일 자국에서 열린 미국과 북한의 정상회담 경비를 구르카
용병에게 담당케 해 화제가 되기도 했다.

그런데 용병의 역사에서 빠질 수 없는 용병이 있다. 바로 17세
기 종교전쟁, 즉 30년전쟁의 과정에서 탄생한 크로아티아 용병
이다. 당시 프랑스가 부족한 병력을 보충하기 위해 현재 6개(슬
로베니아, 크로아티아, 마케도니아, 보스니아헤르체고비나, 몬테
네그로, 코소보)로 분열된 구 유고연방공화국 중 하나인 크로아
티아에 기병을 요구했고, 이에 헝가리군 출신 장교들이 크로아티

아, 헝가리, 세르비아, 카자크, 타타르 등에서 장정을 모아 연합 용병집단을 만들었다. 그렇게 모인 용병들의 가족과 연인들은 그들이 집을 떠나는 날 자신의 남편, 아들, 오빠, 동생, 연인의 목에 '마귀를 쫓는다'라는 의미가 있는 빨간색으로 만든 스카프를 둘러주는 것으로 무사귀환을 기원했다. 우리식으로 따지자면 크로아티아 용병들에게 스카프는 일종의 부적이었던 셈이다.

그런데 마귀를 쫓아낸다는 크로아티아식 부적을 다른 용도로 눈여겨본 이가 있었다. 바로 프랑스의 루이 14세였다. 어느덧 30년전쟁이 종식되고 병사들의 개선식이 있던 날, 예닐곱 살의 어린 루이 14세는 용병들의 빨간 스카프를 보고 "저것이 무엇이냐?"라고 물었고, 그가 들은 대답은 "크라바트"였다.

하지만 크라바트(Cravate)는 크로아티아 용병부대를 가리키는 프랑스군의 정식 부대명칭이었다. 소통의 문제로 인해 빨간 스카프가 크라바트가 되고 만 것이다. 이후 루이 14세는 희고 긴 레이스 천을 목에 두르는 것을 왕실 공식행사 참석 시 필수복장으로 지정하고, '크라바트'라고 부르게 했다. 겉으로는 "크라바트 착용에는 30년전쟁의 교훈을 되새기는 의미가 담겨 있다"는 이유를 댔지만, 실상은 왕권강화의 일환으로 귀족의 복식통제에 나선 것이었다. 루이 14세의 진짜 속내가 무엇이었든 크라바트는 17세기 이후 프랑스 귀족 남성의 필수 아이템으로 자리 잡았고, 영국으로 건너간 후 영국식으로 이름을 바꿔 비로소 '넥타이(Neck-Tie)'가 되었다.

다양한 매듭법의 크라바트

장신구로 개성을 드러내는 여성과 달리 남성에게는 넥타이가 거의 유일한 패션아이템이다. 그런데 넥타이에는 다양한 '의미'가 부여되기도 한다. 도널드 트럼프 전 미국 대통령도 재임 때 정치적 메시지를 넥타이 색깔로 전달했는데, 대체로 청색은 우호와 친선, 빨간색은 경계와 우월감, 노란색은 호황 또는 부를 과시하기 위한 용도였다.

참고로 크로아티아 용병이 역사적으로 가장 처음 목에 스카프를 두른 건 아니다. '최초'의 명예는 로마제국의 병사들에게 있다. 그들은 행군할 때 물에 적신 천을 목에 둘러 열기를 식혔는데, 이를 포칼레(Focale)라고 했다. 하지만 포칼레에는 패션이나 부적이 아니라 오로지 한낮의 땀을 식히기 위한 실용적인 목적만

있었다. 그러니 멋을 목적으로 하는 넥타이의 원형은 루이 14세의 크라바트라고 봐야 할 것이다.

로마 병사들의 포칼레

돈 많고 시간 많은
권력자의 자랑질

2019년 11월 이집트에서 특이한 발굴이 있었다. 카이로 남부 사카라에 있는 계단식 피라미드 인근 무덤에서 여러 동물의 미라가 한꺼번에 발견된 것이다. 기원전 7세기경의 흔적으로 추정되는 작은 고양이들과 악어들, 그리고 다섯 개의 새끼사자 미라가 그것이었다. 남부의 고대도시 히에라콘폴리스에서 코끼리, 하마, 원숭이 등 112개의 동물 뼈가 무더기로 발견된 것이나 2004년 사카라에서 사자 뼈 일부가 발견된 것을 생각하면 획기적인 것이라고 할 수는 없지만, 이전의 것들과 달리 비교적 온전한 데다가 이례적으로 동물 모양 나무관이 발견되지 않아 관심을 끌었다.

고대이집트 사자 벽화(왼쪽)와
고양이 미라

　진귀한 동물을 보기 위해 밀림이나 초원을 찾는 대신 주거지 인근 일정한 장소에 가둬 키운 것은 오래된 일이다. 이집트 말고도 기원전 1000년쯤 이스라엘의 솔로몬 왕도 야생동물을 키웠다는 기록이 있다. 기원전 300년쯤 마케도니아의 알렉산드로스 대왕 역시 정복지마다 진귀한 동물을 잡아다가 스승인 아리스토텔레스에게 연구용으로 보내주었다고 한다. 그것은 동양도 마찬가지였다. 중국 은나라 주왕은 황후 달기의 환심을 사기 위해 왕궁 안에 대리석으로 만든 우리를 지어주었고, 그렇게 모아놓은 동물들로 시합을 하기도 했단다. 로마는 아프리카와 아시아 등지에서 포획해 와 훈련시킨 다음 경기장에서 사투를 벌이게 했다. 사자 한 마리를 1년 동안의 운송과 2년 동안의 훈련을 거쳐 경기장에 내세우기까지 드는 비용이 병사 250명을 1년간 운영하는 비용과 맞먹었음에도 동물싸움을 관람할 수 있는 원형경기장이 로마 전역에 1,000여 개에 육박했다. 기원전 55년쯤 폼페이 제독은 사자 600마리와 코끼리 18마리가 한꺼번에 싸우는 쇼를 벌이기도 했다. 시합에 이용하기 위해 사육한 동물의 수가 수백만 마리를 웃돌았으리라는 추정에 힘이 실리는 이유다. 그 외에도 16세기 인도 무굴제국의 황제 악바르 또한 수천 마리의 동물을 소유했고, 멕시코 마지막 제국의 아스테카의 황제 몬테수마도 300명이 넘는 사육사가 수천 마리를 관리하게 했다고 한다.

소유나 관람 등 식용 이외의 용도를 목적으로 한 동물사육의 특징은 사회에 계급이 생기고 그로 인해 집중된 막강한 권력과 부에 의해 조성되었다는 점이다. 그러다 1400~1700년 유럽대륙에 없는 희귀한 동물을 사육하고 전시함으로써 돈을 버는 직업군이 생겨났다. 소수 권력자들의 개인적 유희였던 동물사육이 르네상스 이후 돈벌이의 수단, 즉 대중적 쇼의 형태로 변화한 것이다. 1753년 한 유랑단은 인도산 새끼 코뿔소를 데려가 유럽을 순회하며 큰 인기를 끌기도 했다. 그 인기는 코뿔소 모양을 딴 헤어스타일의 유행을 이끌 정도였다.

일반대중을 대상으로 하는 현대적 의미의 동물원은 18세기에 등장했다. 오스트리아 쇤브룬궁전 안에 있는 쇤브룬동물원이다. 물론 1752년 개장한 이 동물원도 처음부터 대중을 위해 조성되었던 것은 아니다. 마리아 테레지아 황제의 남편 로트링겐 공 프란츠 슈테판이 아프리카를 여행하면서 수집했고, 궁전 안에 모아

최초의 대중 동물원인 쇤브룬동물원

두고 자기만족용으로 사육하다가 후에 대중에 개방한 것이다. 당시 힘 있고, 돈 많은 귀족이나 왕족들에게는 개인 동·식물원을 갖는 게 유행이었는데, 로트링겐 공도 그중 하나였을 뿐이다. 이후 19세기에 와서는 세계 곳곳에 동물원이 세워졌다. 그러자 동물원은 이제 연구보다는 대중에게 관람을 시키면서 돈을 버는 게 목적이 되어갔다. 한편 우리나라 최초의 동물원은 일제가 황실에 모욕을 주고 민족의식을 짓밟기 위해 창경궁을 개조해 개장한 창경원이다.

1820년 런던 왕실 동물수집관

울릉도가 왜
경상북도냐고?

　동해 가운데, 육지와 먼 곳에 고고하게 떠 있는 아름다운 섬들이 있다. 울릉도, 독도, 죽도, 관음도로 이루어진 울릉군도다. 행정구역상으로는 이들 섬은 경상북도 울릉군에 속한다. 포항에서나 묵호에서나 쾌속선을 타고도 대략 3시간에서 3시간 반 정도 가야만 만날 수 있다. 2021년 9월에는 2만t급 초대형 카페리 '뉴씨다오펄호'가 취항해서 휴가철 많은 여행자들로 인한 매진이나 5m 정도의 너울로 인한 결항으로 여객터미널에서 아쉬운 발길을 돌려야 하는 걱정을 비교적 덜게 되었다. 가는 데 걸리는 시간이 6시간 30분이나 된다는 건 여전히 아쉽긴 하지만….

〈조선지도〉의
울릉도 · 독도 위치

　울릉도의 위도는 '북위 37°30''다. 우리나라에서 동일 위도를
가진 지역은 충청남도 당진시, 경기도 평택시 · 안성시, 충청북도
음성군 · 충주시 · 제천시 · 단양군, 경상북도 영주시 · 봉화군 ·
울진군 등이다. 그중 울진군은 지도상 울릉도와 가장 가까운 후
포가 있는 곳이다. 그런데 후포는 60년대 초만 해도 행정구역이
강원도였고, 1963년 행정구역 개편으로 경상북도가 되었다. 그
래서 울릉도도 그때 경상북도가 되었냐고? 답은 "No!"다. 일단
울릉도가 경상북도에 속한 시기는 1914년 일제강점기 때였다.
그럼 그 이전에는 강원도였냐고? 답은 "절반만 Yes!"다.

일단 우리 기록문화에서 울릉도는 《삼국사기》에 처음 등장한다. 512년 신라 지증왕 13년 신라장군 이사부가 우산국을 정벌했다는 기록이 그것이다. 이후 930년 고려 태조 13년에는 조공의 대가로 섬 주민들이 작위를 받았고, 1693년 조선 숙종 19년에는 안용복 등이 인근에서 일본 어부들과 충돌했으며, 3년 후인 1696년에는 울릉도가 조선 영토임을 확인했다는 등 끊임없이 존재감을 발휘해왔다. 그러다 1900년 고종 때 울릉도는 '강원도 울도군'으로 개편된다. 가장 가까운 육지인 후포가 그 당시 강원도였기 때문이다.

〈대동여지도〉의 울릉도 · 독도 지도

1900년대 초 울릉도 도동항

그런데 1906년 뜬금없이 경상남도로 이속되었다. 여기에는 일제의 입김이 크게 작용했는데, 관할 도를 변경함으로써 결속력을 와해시키고 울릉군 전체의 분위기를 바꿔보겠다는 시커먼 속내가 숨어 있었다. 1914년 경상북도로 재이속된 것은 거리상 남도보다 북도가 가깝다는 이유에서였다. 가장 가까운 후포가 여전히 강원도였음에도 말이다. 따라서 강원도였던 울릉도를 경상도로 이속한 것은 맞지만 북도가 아닌 남도였으며, 가장 가까운 후포가 나중에 경상북도가 된 것이지 후포가 강원도에서 경상북도가 되어서 울릉도가 경상북도가 된 것은 아니라는 말이다.

덥다 더위, 삼복!
더위도 상·중·하

장마가 끝나고 더위가 기승을 부리는 동안 우리는 세 개의 관문을 통과한다. 옛날 사람들은 이 관문을 일러 차가운 쇠의 기운이 더운 불의 기운에 굴복하는 날이라고 했다. 그래서 그날에 굴복하고 복종한다는 뜻으로 '복(伏)'이 붙었다. 음력 6월에서 7월 사이에 들어 있는 세 번의 절기, 초복·중복·말복의 삼복(三伏)이다. 삼복은 삼경일(三庚日)로도 불린다. 낮이 가장 긴 날인 하지(夏至) 후 세 번째·네 번째 경일(庚日), 가을로 접어들었다는 입추(立秋) 후 첫 번째 경일이라는 의미에서다. 동아시아 전통 역학에서는 10개의 태양이 존재하고, 10일을 주기로 그것이 매일

교대로 올라온다고 생각했다. 그래서 그 각각의 태양에 갑(甲), 을(乙), 병(丙), 정(丁), 무(戊), 기(己), 경(庚). 신(辛), 임(壬), 계(癸)라는 이름을 붙이고 이를 천간(天干)이라고 했다. 따라서 경일은 천간에서 일곱 번째에 속하는 날이다. 그럼 왜 경일이었을까? 천간마다에는 고유의 성질이 부여되어 있는데, 경일은 '쇠[金]'의 성질을 가진 날이다. 계절로는 가을을 상징한다. 그래서 역학에서는 경일이 복날이 된 데는 '더위를 차가운 쇠의 기운으로 이겨내라'는 속내가 담겼다고 말한다.

조선 중기 이경윤의
〈고사탁족도(高士濯足圖)〉

그래서인지 사람들은 복날이 되면 더위를 이겨내기 위한 음식을 찾는다. 이열치열(以熱治熱)을 외치며 삼계탕을 먹고, 솟구치는 열기를 누르려고 냉면이나 수박·참외 같은 과일을 먹는다. 이전에는 '개장국'도 먹었다. 기원전 676년 중국 진(秦)나라의 7대 군주 덕공이 삼복을 맞아 제사를 지내면서 4대문 안에서 개를 잡아 신하들에게 나눠주었다는 것이 삼복과 개장국의 첫 기록이다. 보양식이 개인 이유는 개가 쇠의 기운이 강한 동물이기 때문이란다. 더위에 밀린 쇠의 기운을 개로 보충하겠다는 의도다.

한편 조선시대 궁중에서는 더위를 이겨내라는 뜻을 담아 삼복날 높은 벼슬아치들에게 빙표를 줬다. 빙표는 관의 장빙고에서 얼음과 바꿀 수 있는 일종의 교환권이었다. 또한 삼복에 비가 오는 것을 삼복비라고 해서 전남에서는 복날의 비를 농사비라고 부르며 기다렸고, 충북 보은 인근에서는 복날 비가 오면 대추가 흉년이 들어 가계가 어려워진다는 속설도 있다. 이야기도 많고 먹을 것도 많은 삼복. 굳이 3일이나 둔 것은 단 하루로는 더위에 지친 신체를 회복할 수 없으니 적어도 3일은 잘 먹으라는 의미가 아니었을까?

청량음료 병뚜껑
톱니의 비밀

요즘 유통되는 콜라나 사이다는 주로 캔이나 플라스틱 페트병에 담겨 있다. 그래서 손가락 하나로 톡 뚜껑을 딸 수 있고, 나사를 풀 듯 돌려서 뚜껑을 열 수도 있다. 고대부터 사용되어온 유리병이 무겁고 취급이 어렵다는 문제를 극복하지 못해 차차 시장에서 밀려나고 있는 모양새다. 하지만 유리병은 여전히 위생과 환경이라는 문제에 직면한 우리에게 맞춤 격의 생활용품이다. 물론 석유화학제품인 플라스틱이 발명되기 전에도 밀폐가 쉽지 않다는 문제가 있음에도 쓰임새와 취향에 맞춘 다양한 크기와 모양이 가능하다는 점에서 환영받았다.

인류는 오랫동안 코르크를 병마개로 사용했다. 탄성이 좋은 참나무의 껍질을 성형해 좁은 병의 목에 끼워 마찰력으로 액체를 가둬두는 방식이었다. 특히 액체에 닿으면 부피가 팽창한다는 점에서 와인병의 마개로 최적의 재료였다. 와이너리의 와인병들이 비스듬하게 누워 있는 이유다. 반면 코르크마개가 마르면 코르크와 병 사이에 틈이 발생하고 이 틈으로 공기가 유입되거나 향미가 빠져나간다. 실제로 세워서 오래 보관한 와인은 향도 맛도 좋지 않을 뿐 아니라 심한 경우에는 상하기도 한다. 하지만 가격이 비싸고 여닫기가 쉽지 않으며 관리가 소홀할 경우 내용물이 변질될 수 있다는 문제를 안고도 코르크는 왁스를 덧씌워 밀봉하는 등 다양한 방법으로 보완하면서 대체 불가의 병마개로 2,000년이 넘게 사용되었다.

그런데 19세기의 인류는 탄산음료의 등장과 함께 새로운 고민에 빠졌다. 와인보다 싸고 취하지 않으며 청량하고 시원한 탄산음료에 매료되었지만, 이를 대중화·상업화하는 데 문제가 있었다. 기존의 코르크마개가 탄산의 높은 압력을 이기지 못하고 병을 탈출해버리는 것이었다. 온도가 높아지거나 충격이 가해지면 마구 흔들어댄 샴페인의 코르크마개처럼 뻥 하고 빠져버리는 것이다. 참고로 와인을 샀을 때 코르크마개가 칭칭 꼬인 철사로 병에 고정되어 있다면 그 와인은 탄산이 들어간 스파클링와인이라는 의미다. 아무튼 비싼 코르크 대신 주석과 같은 소재로 뚜껑을 만들어도 봤지만, 이런 경우 음료를 변질시켜서 대안이 되지 못했다. 이 문제 때문에 1880년대에는 소다수를 필요한 때에 내뿜게 하는 소다파운틴(Soda Fountain)을 설치한 약국이나 펍에서만 탄산음료를 즐길 수 있었다.

크라운코크를 발명한
윌리엄 페인터

그런 시기에 등장한 인물이 바로 미국의 발명가 윌리엄 페인터다. 윌리엄 페인터(William Painter, 1838~1906)는 기술자로 일하면서 위조지폐 감별기나 사출좌석 등 다양한 것들을 발명했다. 특히 그는 대량으로 사용되는 간단한 일회용품을 개발하는 데 집중했다. 그런 그에 눈에 띈 것이 바로 탄산음료였다.

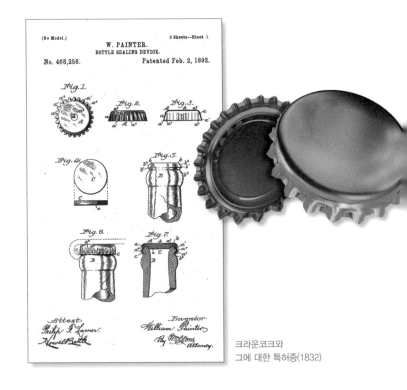

크라운코크와
그에 대한 특허증(1832)

페인터는 기존의 코르크마개나 돌려서 여는 스크류캡이 탄산을 잡아두지 못한다는 데 문제의식을 가지고 금속판이 보자기처럼 병 입구를 잡아 쥐는 단순한 형태의 뚜껑을 고안해냈다. 병 입구를 둥글게 처리하고, 원형의 금속 디스크 주위를 21개의 이빨을 가진 플러그로 형압하여 고정시키는 방식이었다. 또한 안쪽 면에 코르크 디스크를 덧대어 금속과 음료 내용물이 접촉하지 않도록 했다. 그의 마개는 내부의 탄산압력뿐 아니라 외부의 충격에도 충분히 견뎌냈고, 제조도 간편했으며, 무엇보다 한 번 사용하고 버릴 수 있을 만큼 제작비용이 저렴했다. 1892년 크라운코크(Crown Cork)가 탄생한 것이다.

곧바로 특허를 낸 페인터는 크라운코크 앤 실(Crown Cork & Seal Company)이라는 회사를 설립했고, 1898년에는 핸드프레스기를 개량해 시럽과 탄산수를 주입한 뒤 발로 프레스를 밟아 형압할 수 있는 기계를 고안했다. 숙련공이 1분당 24병을 생산할 수 있는 기계였다. 탄산음료의 인기, 특히 콜라의 탄생과 맞물려 그의 회사는 무섭도록 성장했고, 1906년쯤에는 영국, 프랑스, 독일, 일본, 브라질 등에 생산시설을 갖춘 다국적기업이 되었다.

한편 페인터가 크라운코크를 발명하게 된 데는 그의 아내 공이 컸다는 이야기가 있다. 김빠진 맥주에 신경질이 난 그의 아내가 짜증을 냈기 때문이란다.

다른 것 발명하지 말고
맥주 김 좀 안 빠지는 병뚜껑이나 발명해봐요.

공처가인지 애처가인지는 모르겠지만, 아무튼 김 안 빠진 맥주를 사랑하는 부인 덕분에 페인터는 자신의 85번째이자 생애 마지막 발명품을 세상에 내놓게 되었다. 이름이 크라운코크인 것도 이 뚜껑을 거꾸로 뒤집어 놨을 때 그 모양이 왕관이랑 비슷하다는 이유 때문이란다.

한 가지 더, 현재 크라운코크의 톱니는 21개로 전 세계가 동일하지만 발명 당시에는 24개였다. 그런데 24개의 톱니는 탄산의 압력을 잘 견뎠지만 그만큼 여는 게 쉽지 않아서 열다가 병이 깨지는 일이 발생했다. 결국 연구 끝에 21개보다 적으면 탄산의 압력을 견디지 못해 탄산가스가 빠지고, 21개보다 많으면 뚜껑 열기가 어렵다는 것을 알게 되었다 한다.

크라운코크를 이용한
탄산음료 제조기계(위)와
크라운코크 관련 홍보전단지
(볼티모어 산업박물관)

태양에도 특허를 낼 것인가, 백신은 모두의 것

1950년대 아이를 가진 부모들이 두려워하는 질병이 있었다. 한 해 2만 명 이상이 이 질병에 걸렸고, 그 후유증으로 평생을 고통 속에 살아야 했다. 1952년 한 해만 해도 미국에서 5만 8,000여 명이 이 병에 걸렸고 그중 3,145명이 숨졌으며 2만 1,269명이 후유증을 얻었다. 특히 이 질병이 무서운 것은 주로 어린 소아에게서 발병한다는 점이었다. 폴리오바이러스(Poliovirus)라는 이름의 장바이러스에 감염되었을 때 발병하는 소아마비다. 분변에 있던 바이러스가 물이나 음식물을 매개로 위장기관에 들어간 후 중추신경과 말초신경으로 퍼지면서 각 기관에 마비를 일으킨다. 사지마비는 물론이고 방광, 횡격막, 흉관 등 내장기관의 근육을 약화시키고, 심각한 경우 호흡·순환 장애까지 유발한다. 그래서 마비증세가 나타나면 당시 의학수준으로는 '철의 폐(Iron Luge)'라고 하는, 마치 고문장치 같기도 하고 1인용 캡슐 같기도 한 특수장치 안에 들어가 생명을 유지할 수밖에 없었다.

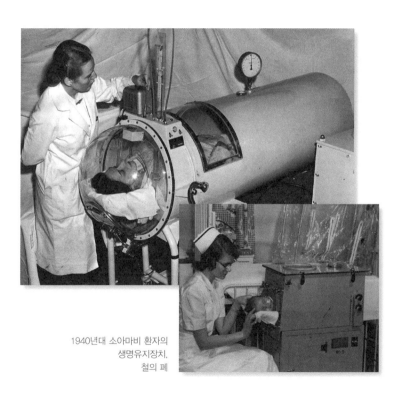

1940년대 소아마비 환자의
생명유지장치,
철의 폐

소아마비를 극복하기 위한 연구는 100년이 넘도록 결실을 이루지 못했다. 그러던 1953년 미국의 조너스 소크(Jonas Salk, 1914~1995)가 당시 성행하던 세 종류의 소아마비에 효과를 보이는 백신을 개발했다고 발표했다. 그는 자신과 가족에게 주사해 안전성을 확인했고, 모금운동을 통해 180만 명의 아이들에게 시험접종을 했다.

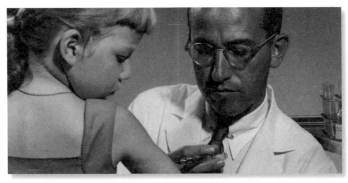
소아마비 백신을 개발한 조너스 소크

제약회사들로부터 특허를 양도하라는 제안이 쇄도한 것은 당연한 일이었다. 그러나 그는 그 모든 제안을 거절하고 백신을 무료로 풀었다. 특허를 양도했을 경우 오늘날까지 얻었을 수익이 우리 돈으로 8조 원이 웃돌 것이란다. 그것을 생각하면 백신 무료배포는 경악에 가까운 결정이 아닐 수 없다. 하지만 그 덕분에 소아마비 백신은 전 세계에 빠른 속도로 퍼져나갔고, 그 결과 백신 출시 이전의 1% 이하 수준으로 발병이 감소했다. 한 TV 인터뷰에서 그는 백신의 특허권에 대한 질문에 이렇게 답했다.

태양에도 특허를 낼 것인가?
백신의 특허권자는 당연히 전 인류다.

소아마비 백신 개발의 성공을 알리는 신문보도

현재 세계보건기구(WHO)를 통해 보급되는 소아마비 백신 1회 접종분의 가격은 100원이다. 코로나19 백신접종이 이루어지던 초기 "싸구려 아스트라제네카는 맞기 싫다"는 이들이 있었다. 인류를 위해 저렴하게 배포했다는 사실은 외면하더라도 자신이 아기 때 맞은 소아마비 백신이 아스트라제네카보다 싸다는 것은 부디 알기를 바란다.

6부

오늘을 만든 발명

실리퍼티는
우주비행사들의 장난감

살리퍼티 광고전단지

제2차 세계대전 중이던 1944년, 전쟁으로 물자가 부족했던 미국정부는 미국전시물자관리위원회(U.S. War Production Board)를 통해

제너럴 일렉트릭(General Electric)사에 '대량생산이 가능하며 지프와 비행기 타이어, 가스마스크, 그리고 다른 군수용품에 활용할 수 있는 저렴한 합성고무를 공급해줄 것을 요청했다. 이 요청을 받아들인 회사는 실험의 책임을 엔지니어인 제임스 라이트(James Wright)에게 맡겼고, 라이트는 다양한 실험 중에 실리

콘오일과 붕산을 혼합하다 이제껏 본 적 없던 새로운 물질을 발견했다. 이 혼합물은 고무줄 같은 지속성뿐만 아니라 많은 독특한 성질을 가지고 있었다. 탄성이 좋은 고무공보다 약 25% 정도 더 튀어 올랐고 고무줄보다 더 많이 늘어났다. 또한 자연물질이 아니어서 곰팡이가 슬지도 부패하지도 않았고, 심지어 뜨겁게 열을 가하거나 차갑게 냉각을 해도 성질에 아무런 변화를 보이지 않았다. 무엇보다 놀라운 것은 그것을 인쇄된 용지에 평평하게 펴서 붙인 후에 떼어 내면 그 페이지 내용의 '미러이미지(Mirror-image)'를 만들어내는, 즉 그대로 복사하는 특성도 가지고 있다는 것이었다.

제이스 라이트(왼쪽)와 실리퍼티로 만든 미러이미지

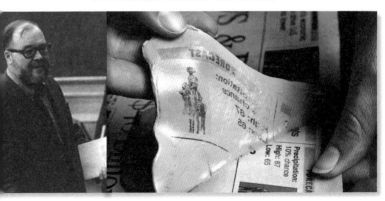

라이트를 비롯한 제너럴 일렉트릭사 소속 과학자들은 이런 장점들에 주목하고, 미래생활에 다양하게 이용될 수 있으리라는 기대를 품었다. 라이트도 이 물질을 '너티퍼티(Nutty Putty)'라고 부르며 방문객들에게 너티퍼티의 진기한 특성을 보여주는 것을 즐겼다. 또한 샘플을 전 세계의 엔지니어들에게 보내 실용적인 용도에 대한 조언을 부탁했다. 하지만 그에 응답하는 사람이 아무도 없었다. 결국 이 물질은 형태를 유지할 수 없었기 때문에 전시물자 관리위원회가 원했던 전쟁물자가 될 수 없었다. 장점으로 꼽았던 특징이 오히려 독이 된 것이다. 그래서 그들은 기대를 접고 말았다. 오직 한 사람을 빼고.

피터 호지슨(Peter Hodgson)이었다. 실직으로 파산위기에 처한 카피라이터였던 그는 한 파티에서 장난감가게 주인 루스 폴가터(Ruth Fallgatter)가 가지고 놀던 너티퍼티를 보고 단번에 '사람들을 즐겁게 해줄 수도 있겠다'고 생각했다. 이 물질을 전쟁물자가 아니라 재미있는 도구로 본 것이다. 그는 곧바로 너티퍼티 한 덩어

리와 특허권을 전 재산 147달러에 샀다. 그리고 예일대학에 다니던 학생 한 명과 함께 30g 단위로 나누어 계란형 플라스틱 용기에 넣고 포장한 다음 폴가터의 가게에서 팔기 시작했다. 1949년이었다. 새로운 이름도 붙였다. 실리퍼티(Silly Putty), 바로 '멍청한 반죽'이라고 말이다.

실리퍼티는 그해 말까지 폴가터의 가게에 있던 어떤 장난감보다 많이 팔렸다. 인기에 힘입어 소비자들로부터 '플라잉 러버(Flying Rubber, 날아다니는 고무)'라는 새로운 이름도 얻었다. 우리나라에서는

피터 호지슨(가운데)과
실리퍼티를 포장하고 있는 직원들

액체괴물, 또는 슬라임이라는 이름으로 불리는 그것이다.

실리퍼티는 애초의 개발 목적과 달리 아이들이 열광하는 장난감으로 반세기 넘게 인기를 얻고 있다. 주변에서 볼 수 있는 가장 부드러운 플라스틱이면서 액체와 고체의 성질을 동시에 보여주는 데다가 가볍게 늘어나면서도 집어던지기라도 하면 고무공처

럼 튄다. 아이들의 창의력 발달에 도움이 된다는 연구결과도 있다. 실리퍼티의 찐득한 접착성은 아폴로 우주비행사들이 무중력 공간에서 공구를 고정할 때도 유용했다. 물론 지루하고 갑갑한 우주생활을 견디게 해준 기특한 장난감이기도 했다.

또 하나 주목할 점이 있다. 실리퍼티에 강하고 전도성이 뛰어난 그래핀(Graphene)을 섞어주면 믿을 수 없을 정도로 예민한 압력센서가 되어서 혈압과 맥박은 물론이고 심지어 거미 발자국까지 감지할 수 있게 된다는 점이다. 더블린 트리니티 칼리지의 조너선 콜만(Jonathan Coleman) 연구팀에 따르면 실리퍼티를 이용한 센서가 달린 손목형태의 밴드를 착용하면 스마트폰 앱으로 혈압의 이상 유무를 알게 될 날도 머지않았다. 발명·발견의 시작은 생각의 전환, 발상의 전환이라던데, 딱 실리퍼티를 두고 하는 말 아닌가!

전쟁을 위해, 전쟁에 의해!
통조림의 탄생

1805년 12월 2일 아우스터리츠, 나폴레옹의 보병대가 새벽부터 프라첸고원으로 돌격했다. 수적 열세에도 프랑스군은 오스트리아 · 러시아제국 연합군을 밀어붙였다. 그 결과 연합군 2만 명 이상이 사망하고 2만 명이 넘는 연합군이 포로가 됐다. 이날의 패배로 두 제국의 황제들은 굴욕적인 평화협정을 맺었고, 이로써 영국 총리 윌리엄 피트가 조직한 대(對)프랑스동맹은 파기됐으며, 나폴레옹은 이를 기회로 독일 남부로 진격해 오스트리아 군사 3만 명을 사로잡은 뒤 끝내 오스트리아를 집어삼키는 데 성공했다. 나폴레옹이 유럽대륙의 진정한 지배자로 우뚝 선 순간이다.

전문가들은 프랑스군 승리의 요인으로 나폴레옹의 근대적 전술을 꼽는다. 그리고 또 하나, 평균을 상회하는 행군속도였다고 입을 모은다. 당시 유럽군대의 평균적인 행군속도가 분당 70보 내외였던 것에 비해 나폴레옹 군대는 분당 120보 이상을 이동했다. 그래서 여단이나 사단 단위로 부대를 쪼갠 뒤 위기 시 상호 간 지원이 가능한 거리에 배치함으로써 원하는 장소와 원하는 시간에 병력을 투입할 수 있었다. 이는 나폴레옹이 전쟁을 준비하면서 군비증강과 더불어 고심해 발굴해낸 발명품이자 신병기가 있었기 때문에 가능한 일이었다. 바로 '병 속의 식량'이었다.

나폴레옹의 대승을 기념하는 〈1805년 12월 2일 아우스터리츠 전투〉, 프랑수아 제라르(1810)

니콜라 아페르와
그의 병조림 병

프랑스대혁명 직후 권력을 손에 쥔 나폴레옹은 군대를 양성하는 동시에 전쟁을 과학적으로 지원하기 위해 프랑스 최고의 과학·기술 인재들을 모아 '프랑스산업장려협회'를 만들었다. 또한 군사적 문제의 해결에 도움을 줄 수 있는 아이디어나 발명품에 1만 2,000프랑이라는 상금까지 내걸었다. 이때 요리사이면서 발명가인 니콜라 아페르(Nicolas Appert, 1749~1841)가 익힌 양배추, 브로콜리, 당근, 양파 등을 샴페인병에 넣어 밀봉한 것을 들고 나왔다. 장기전일 수밖에 없는 전쟁에서 아페르의 병조림은 장기보관에 용이했을 뿐만 아니라 취사도 조리기구도 필요치 않았기 때문에 군장의 무게를 가볍게 만들어주었다.

문제는 파손이 쉬운 유리로 만든 병이라는 것이었다. 이를 개선한 것은 영국이었다. 프랑스식 식품저장법, 일명 병조림을 능가할 수 있는 식품보존법을 개발해달라는 영국군 지휘관들의 요청에 따라 중탕과 코르크 등을 이용한 밀폐방법이 고안됐고, 급기야 피터 듀란드(Peter Durand, 1766~1822)가 깨지지 않는 용기, 주석깡통으로 문제를 해결했다.

주석깡통을 개발한 피터 듀란드

그런데 예기치 않은 문제가 또 발생했다. 유리병과 달리 밀폐된 깡통을 따기가 쉽지 않다는 것이었다. 개발 초기만 해도 음식이 변질되지 않도록 잘 보존해야 한다는 기능에만 관심을 쏟았지

깡통에서 음식을 꺼내는 문제에는 소홀한 탓이었다. 결국 발명가들은 깡통을 따는 문제를 해결하려고 경쟁하기에 이르렀다. 그리고 그 경쟁의 승리는 최종적으로 1858년 미국인 에즈라 워너(Ezra Warner, 1819~1889)에게 돌아갔다. 절반은 총검, 절반은 낫처럼 생긴 커다랗고 굽은 날을 깡통 가장자리에 대고 누르며 사용하도록 한 워너의 따개는 고형물에 한정됐던 내용물을 다양해지게 만들었다. 수프나 퓌레는 물론이고 급기야 음료수나 맥주까지 담게 되었다. 이후 윌리엄 우스터 라이먼(William Worcester Lyman, 1821~1891)의 노력이 더해지면서 회전방식의 오늘날 통조림따개 원형이 탄생했다.

통조림따개를 개발한 에즈라 워너

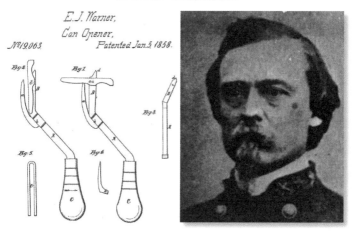

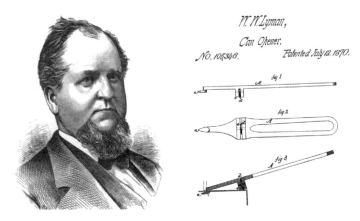

통조림따개를 개선한 윌리엄 우스터 라이먼

통조림은 나폴레옹 때부터 남북전쟁, 세계대전, 베트남전쟁까지 굵직한 전쟁에서 중요한 전쟁물자였다. 사실 세계대전이나 베트남전쟁처럼 대규모 병력이 대륙을 이동한 경우 식량보급은 이전의 전통적 방법으로는 불가능하다. 설사 보급이 가능하다 해도 당시의 운송능력으로는 상하는 걸 막을 방법이 없다. 이런 문제를 군은 통조림으로 해결했다. 그야말로 전쟁을 위해 발명됐고, 전쟁에 나선 군인들의 요구에 의해 개선된 전쟁 발명품인 셈이다. 그래서인지 오늘날 서구인들은 군대식량이라면서 캔에 든 음식을 좋아하지 않는다나?

물레에서 방적기로 갈 '필요'가 필요했다

오랫동안 아이가 없었던 왕국에 고대하던 공주가 태어났다. 왕은 탄생을 축하하기 위한 연회를 열고 세상 모든 이들에게 초대장을 보냈다. 단 한 명만 빼고. 화가 난 그 유일한 열외자는 공주와 왕국에 저주를 퍼부었다. 그 덕(?)에 공주는 자라는 동안 부모의 지독한 과보호를 받아야 했다. 하지만 결국 열여섯 살 생일 날 그놈의 호기심에 이끌려 생전 처음 간 곳에서 생전 처음 본 기구에 손이 찔리는 사고를 당하고 말았다. 그리고 무려 100년 동안 이어질 잠에 빠져 버렸다. 이때 초대받지 못했던 자가 걸었던 저주, 깨지 않을 잠을 현실화시킨 기구는 물레였다.

존 베튼의
〈잠자는 숲속의 미녀〉(위)와
직조를 표현한 고대이집트 벽화

19세기 물레(조지 워커의 삽화, 1814)

물레는 털이나 식물의 줄기 등에서 실을 뽑아내는 기구로 실이 있어야 옷감을 짜고 옷을 만들 수 있는 만큼 그 역사는 신석기시대로 거슬러 올라간다. 최소한으로 잡아도 청동기가 시작되는 7,000년 전부터 사용한 것으로 추정된다. 그러나 물레는 오랫동안 그 모습이나 기능에 있어서 크게 변하거나 발전하지 않았다. 인구가 증가하고 그에 따라 옷의 수요가 늘었지만 실을 많이 만들어봤자 수공업 수준의 당시 옷감을 짜는 기술로는 재고만 쌓일 뿐이었기 때문이다. 옷감 짜는 것의 혁신이 없는 상태에서 실 뽑는 기구의 혁신은 불필요한 일이었던 것이다. 시대배경이 중세 어디쯤일 듯한 〈잠자는 숲속의 미녀〉 속 물레나 19세기 초 영국 가정의 물레 형태에 다름이 거의 없는 이유다.

변혁은 영국에서 시작됐다. 엘리자베스 1세 때부터 해상무역을 장악한 영국은 면직물 사업이 돈이 된다는 것을 알아차렸다. 그러나 품질도 좋고 저렴한 인도산 면직물과의 경쟁이 만만치 않았다. 인도보다 6배나 비싼 인건비가 걸림돌이었다. 이에 영국 자본가들은 생산비용을 낮추기 위해 생산성을 높일 수 있는 기술 개발에 매달렸다. 그 결과 한 사람이 한 대의 베틀에 매달려 부지런히 손과 발을 움직여야 했던 기존의 직조방식 일부를 자동화하기에 이르렀다. 그러자 문제가 생겼다. 직조의 속도가 빨라지자 기존 물레방식으로는 늘어난 실의 수요를 감당할 수 없게 된 것이다. 방적기술에 드디어 '필요'가 생긴 것이다. 1764년 제임스 하그리브스(James Hargreaves, 1720~177)가 발명한 '제니방적기'가 한 번에 1가닥 뽑아냈던 실을 8가닥, 나중에는 16가닥 이상으로 뽑아내면서 어느 정도 해갈은 됐지만, 여전히 부족했다. 이때 구세주처럼 등장한 것이 바로 아크라이트의 '수력방적기'였다.

하그리브스의 '제니방적기'

애초에 이발사면서 가발제작자였던 리처드 아크라이트(Sir. Richard Arkwright, 1732~1792)가 방적에 관심을 두기 시작한 것은 1760년 후반부터였다. 그는 씨실 한정이었던 제니방적기의 한계를 극복해 날실의 생산까지 가능한 현대적인 방적기를 최초로 개발해 1769년 특허를 받았고, 기계화·자동화의 동력을 수력으로 하는 공장을 세웠다. '수력방적기'란 명칭의 유래도 여기에서 비롯한다. 1771년 크롬퍼드로 이전하면서는 공장을 대규모화했고, 기계도 더욱 개량해 능률의 증진을 꾀했다. 그러자 인력으로 수백 시간 걸리던 일이 기계 하나로 1시간 안에 끝나는 시대가 열렸다. 그러자 이전처럼 많은 노동자가 필요치 않았다. 이는 아크라이트에게 '적은 비용으로 많은 이익'을 안겨 주었다. 반면 방적공들은 실직과 직면해야 했다. 한순간에 직업을 잃은 방적공들이 들고일어났다. 그 결과 공장기계 대부분이 파괴됐다. 게다가 수력방적기도 타인의 발명이었음이 밝혀져 특허가 무효가 되고 일반에게 그 사용이 허가되었다. 그러나 그때 그는 이미 막대한 부를 쌓은 후여서 그로 인한 타격은 크지 않았다고 한다.

리처드 아크라이트

2001년 유네스코 세계문화유산위원회는 아크라이트가 공장을 세운 크롬퍼드를 비롯해 더웬트계곡을 중심으로 한 벨퍼, 밀퍼드, 달리애비 일대를 세계문화유산으로 지정했다. 18~19세기 산업혁명기 초기에 이루어진 산업발전을 잘 보여준다는 점, 이후 '공장시스템의 요람'으로 불리면서 영국과 외국에 방직공업의 모델 역할을 해왔다는 점, 또한 최초의 산업단지의 모습을 갖춘 현대적 산업도시이면서 방적공장 근로자들을 위한 숙소 건설로 당시 이 지역의 사회·경제적 발달을 잘 보여준다는 점을 높이 샀다.

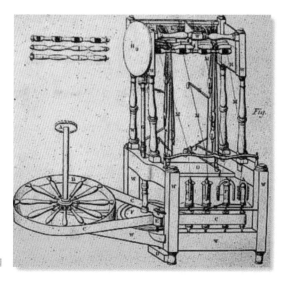

수력방적기

습기를 잡으려다
열기까지 잡은 에어컨

1902년 봄, 미국 브루클린에 있는 새킷-빌헬름 출판·인쇄소 책임자는 다가오는 여름 때문에 고민에 빠져 있었다. 바람이 통하지 않는 실내는 여름의 열기와 습기에 인쇄기가 가동하며 뿜어내는 열기까지 더해져 그야말로 찜통이었다. 작업하는 사람들의 고충은 말할 것도 없었지만, 더 큰 문제가 있었다. 지나치게 높은 온도와 습도에 영향을 받은 종이 때문에 인쇄된 글자가 번지는 참사가 이어지는 것이었다. 여름마다 일을 안 할 수도 없고, 고민 끝에 책임자는 뉴욕의 기계설비회사인 버팔로포지(Buffalo Forge Co.)를 찾았다.

1899년 버팔로포지 전경(미국 뉴욕)

"인쇄에는 일정한 온도와 습도가 중요합니다. 그런데 여름만 되면 온도와 습도가 높아지는 바람에 종이가 눅눅해져서 계속해서 불량이 나고 있습니다. 인쇄소 실내의 온도와 습도를 1년 내내 일정하게 유지할 수 있으면 좋겠는데, 무슨 방법이 없을까요?"

새킷-빌헬름의 의뢰는 코넬대학교 출신 1년 차 엔지니어에게 맡겨졌다. 경력은 비록 1년 차에 불과했지만, 그는 회사로부터 능력을 인정받아서 이미 개발팀장으로 초고속 승진을 이룬 상태였다. 입사 첫해 신입사원으로서 낡은 난방시스템을 현대식으로 교체해냈고, 이 새로운 난방시스템 덕분에 회사는 그해에만 4만 달러에 이르는 큰 비용을 절감할 수 있었던 것이다. 뉴욕 출신 기계공학자, 스물다섯 살의 젊은 엔지니어, 윌리스 하빌랜드 캐리어(Willis Haviland Carrier, 1876~1950)였다.

윌리스 하빌랜드 캐리어(왼쪽)와
새킷-빌헬름에 적용한
최초의 에어컨시스템(1902)

최초의 제습 · 냉각시스템

캐리어는 더운 공기를 한순간에 냉각시켰을 때 공기 중 습도가 낮아진다는 데 주목했다. 그리고 여기에 18세기 벤저민 프랭클린의 냉각기술과 19세기 마이클 패러데이의 공기냉각 원리를 바탕으로 연구를 거듭, 마침내 그해 7월 새킷–빌헬름 공장에 팬, 히터, 가습용 천공 증기 파이프 및 온도 조절장치 등을 한 세트로 하는 새로운 기계를 설치했다. 그 후에도 그의 연구는 계속됐고, 단순하게 공기를 조절함으로써 습도를 제어했던 장치는 흡수한 공기를 냉각시킨 다음 배출하는 방식으로 발전했다. 현대식 에어컨디셔너, 즉 에어컨의 등장이었다.

그러나 1914년 제1차 세계대전이 발발하면서 캐리어가 몸담고 있던 버팔로포지에도 변화가 생겼다. 기존의 공기조화(에어컨)시스템 대신 군수물자 생산에 집중하게 된 것이다. 캐리어의 업무도 연구·개발 대신 생산으로 바뀌었다. 결국 캐리어는 12년 몸담았던 버팔로포지를 나와 뜻 맞는 동료 7명과 함께 연구성과를 실현시킬 회사를 설립했다. 캐리어 엔지니어링(Carrier Engineering Corporation)이었다. 그의 캐리어 엔지니어링은 1922년에 산업시설에나 적용할 수밖에 없었던 대형 에어컨을 소형화하는 데에도 성공, 민간부문으로까지 영역을 확대했다.

1950~1960년대
미국 가정용 에어컨 광고

리콴유 싱가포르 전 총리는 에어컨을 지금의 싱가포르를 있게 한 20세기 최대 발명품으로 꼽았다. 에어컨은 더위 관련 질병의 사망률을 최대 40%까지 줄이기도 했다. 사람이 살기 어려웠던 아프리카나 중동 사막에 현대식 인프라를 갖춘 최첨단 도시들이 탄생한 것도, 미국 댈러스와 라스베이거스가 수백만 명의 인구를 품은 대도시가 된 것도 모두 에어컨 덕분이다.

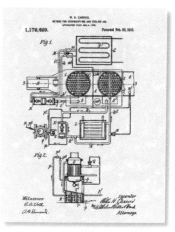

캐리어 에어컨 특허도면(1916)

확실히 폭염에 열대야에 잠은 고사하고 숨 쉬는 것조차 버거운 날이면 더없이 고마운 존재인 것은 분명하다. 하지만 고마운 건 고마운 거고, 에어컨을 켤 때마다 빙하가 녹아내리고 폐기 에어컨의 냉매가 오존층을 파괴한다는 경고를 접하노라면 온난화로 몸살을 앓는 지구에 미안하고 흠칫 어깨가 움츠러지는 건 어쩔 수가 없다. 그러고 보면 인류 최대의 발명품이라는 찬사에도 불구하고 노벨상과 연이 없었다는 것도 이런 이유 때문은 아닐까?

먹는 피임약, 여성을 해방시키다

1998년 출판업계의 거물 존 브록만이 인터넷에 "지난 2,000년 동안 인류에게 가장 위대한 발명은 무엇인가?"라는 질문을 올렸다. 여기에 옥스퍼드대학 생리학과의 콜린 블레이크모어 교수는 이렇게 답했다.

내게 가장 중요한 발명을 꼽으라면
'피임약'이라고 대답하겠다.

블레이크모어 교수는 "비교적 낮은 수준의 기술로 만든 피임약이 빚어낸 가장 중요한 결과는 인간의 육체가 마음의 시종이지 그 반대는 아니라는 믿음이 강화된 점"이라는 설명을 덧붙였다. 위스콘신대학 인류학과의 마리아 레포스키 교수도 "경구피임약의 등장으로 인류의 반이 스스로 회임을 조절하여 성인으로서 자신의 삶을 지배할 수 있게 되었다. 또한 피임약은 인구폭발로 인한 재앙에서 지구를 지켜줄 것이다"라는 말로 피임약이 가진 혁명성을 요약했다.

악어에 대한 고대이집트 기록(파피루스)

피임에 관한 가장 오래된 기록은 기원전 1500년경 고대이집트 때의 것이다. 당시 고대이집트 사람들이 피임을 위해 사용한 건 악어의 배설물, 즉 똥이었다. 악어 똥에 꿀과 탄산나트륨 등을 섞은 다음 여성의 질 속에 넣었다는 것이다. 그 성분들이 정자를 죽인다는 생각에서였다. 성경에는 성교 후에 여성의 질 안에 후춧

가루를 뿌리는 방법이 존재한다. 기원전 4세기에 아리스토텔레스는 올리브유가, 의학의 아버지 히포크라테스는 야생홍당무 씨가 피임에 효과적이라 주장했다. 성교 후 여성이 재채기를 하면 정자가 자궁으로 들어가지 않는다고 주장한 사람도 있다. 이슬람의 의사 소라누스다. 이 의견은 그로부터 900년이 지난 9세기경 이슬람의 의사 라지가 좀 더 구체화시켰는데, 그것은 '확실한 피임을 위해서는 재채기를 여러 번 한 후에 콧방귀를 뀌고 고함을 치며 이리저리 뛰어다녀야 한다'는 것이었다.

의학서 《샤나메(Shahnama)》에 실린 이슬람의 제왕절개

그러나 이런 피임법들은 중세 유럽사회에서 철저하게 배척되었다. 토마스 아퀴나스의 스승이기도 한 알베루트 마그누스는 이

슬람의 다소 경박하고 격렬한 피임법을 맹렬하게 비난했다. 피임이나 낙태를 죄악시하는 교회로서는 당연한 것이었지만, 특별히 콕 찍었다는 것은 이슬람의 피임법을 어느 정도 인정했다는 의미로 읽힌다. 오죽하면 17세기에도 '임신을 원한다면 성교 뒤에 기침, 재채기, 심한 운동을 삼가라'는 조언을 책(칼 베버의 《아리스토텔레스 명작전집》)에서 당당히 했을까. 아무튼 피임은 기독교 중심의 유럽에서 오랫동안 배척되고 금기시되어 왔다. 당연히 발전이 있을 수 없었다. 16세기 이탈리아에서 가브리엘 팔로페라는 해부학자가 양의 맹장으로 만든 콘돔을 발명한 것 말고는 이렇다 할 만한 것도 없었다. 그나마도 값이 비싸서 서민들에게는 그야말로 그림의 떡이었고, 돈이 있다 하더라도 사용법이 어려워서 굳이 사용하려 하지 않았다. 그러는 동안 피임은 오로지 여성만의 책임이 되어갔다.

오늘날 대략 10억 명의 여성들이 피임을 위해 경구피임약을 먹고 있다. 가장 안전하며 가장 손쉽기 때문이다. 그러나 경구피임약의 역사는 그리 길지 않다. 오스트리아의 생리학자인 루트비히 하버란트(Ludwig Haberlandt, 1885~1932)가 쥐의 난소 성분을 쥐에게 먹이는 실험을 하다가 피임효과가 있음을 발견하고 피

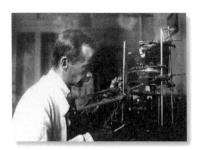
루트비히 하버란트

임약의 가능성을 소개한 것도 1921년에나 되어서였다. 하지만 12㎎의 에스트리올(여성호르몬)을 추출하기 위해서는 돼지가 8만 마리나 필요했던 당시 기술이 문제였다. 이마저도 하버란트가 1932년에 사망하고, 같은 시기에 함께 피임약을 연구하던 의사들이 히틀러가 오스트리아를 정복한 후 실종되면서 그대로 멈춰 버리고 말았다.

그렇다고 고민과 논의마저 멈춘 것은 아니었다. 마거릿 생어(Margaret Sanger, 1879~1966)가 대표적인 인물이다.

어머니가 될 것인가 말 것인가를 자기 뜻대로
선택하지 못한다면
어떤 여자도 자유롭다고 말할 수 없다.

남편의 성행위 요구를 거부할 권리와 자식을 적게 낳을 권리가 아내에게 있다는 그의 신념은 여성의 피임과 그에 대한 권리 요구로 이어지면서 사회적으로 피임논쟁을 불러일으켰다. 또한 1921년에는 미국 산아제한연맹(American Birth Control League)을 설립했으며, 1937년에는 법정투쟁으로 '피임도 합법'이라는 역사적인 판결을 끌어냈다. 그 덕분에 미국에서는 1938년까지 1년 동안 350개가 넘는 피임클리닉이 생겨났고, 매년 1만 명이 넘는 여성들에게 서비스를 제공할 수 있었다. 하지만 그 방법은 여전히 문제였다. 피임이 합법이더라도 방법이라는 게 여전히 이렇다 할 만 게 없었던 것이다. 게다가 여성 스스로가 주체적으로 피임을 결정하고 실행할 방법은 실제로 없었다. 질을 세척한다든가 하는 방법을 빼면 배란주기를 고려하는 자연주기법마

마거릿 생어(오른쪽)와 피임논쟁을 불러일으킨 생어의 보고서

저도 남성의 동의 여부에 달렸기 때문이다. 이에 생어는 국제가
족계획협회 초대회장으로서 1952년 성호르몬 스테로이드 대사
분야의 전문가였던 그레고리 굿윈 핀커스(Gregory Goodwin
Pincus, 1903~1967) 박사에게 이상적인 피임법 개발을 의뢰했
다. 핀커스는 자신의 연구팀과 함께 여성호르몬인 프로게스테론
을 동물에 주사하면 배란이 억제된다는 이전의 연구결과에 주목
했다. 그리고 주사라는 투입방법의 번거로움과 상당히 비쌌던 프
로게스테론의 비용 때문에 대중화에 어려움을 겪고 있다고 판단
하고 프로게스테론을 주사가 아닌 먹는 알약으로 만든다는 창의
적인 발상을 했다. 그런 그의 옆에는 연구원 창(Min Chueh
Chang, 1908~1991)과 임상시험이 가능한 의사 존 록(John
Rock, 1890~1984)이 함께했다. 임상시험은 50명의 여성에게

에노비스를 개발한 그레고리 핀커스, 존 록, M.C. 창(왼쪽부터)

투약하는 것이었고, 그들 모두 이 약을 복용하는 동안 배란을 하지 않았다는 결과를 얻었다. 연구성과는 1956년 초 세상에 발표됐다. 그리고 1957년 생리불순 치료제로 미국 식품의약국(FDA) 승인을 거쳐 마침내 1960년 5월 9일 경구피임약으로 승인받았다. 세계 최초의 경구피임약 '에노비드(Enovid)'가 탄생한 것이다. 1959년 10월 승인신청을 하고, FDA의 전례 없는 외면과 망설임에 맞서 싸우고, 청문회에 추적조사까지 거친 결과였다.

에노비드의 승인소식이 전해지자 사회는 찬성과 반대로 갈라졌다. 반대하는 쪽은 부작용이 충분히 검증되지 않았다는 데 우려를 표했다. 더 큰 반발은 기독교를 비롯한 종교단체에서 나왔다. 피임이 낙태와 마찬가지로 '자연적인 수정과정을 간섭하는  것'으로서 이는 신의 영역에 대한 모독이요, 도전이라는 주장이었다. 일부 페미니스트들도 반대했다. 그들은 경구피임약 때문에 되레 피임이 여성의 책임이 되었다고 주장했다. 그러나 그보다 더 많은 사람들이 에노비드의 탄생에 환호했다.

당시 저널리스트로 활동하던 클레어 부스 루스(Clare Boothe Luce)는 이렇게 말했다.

여성이 비로소
남성들이 몸으로 누려온 만큼의 자유를
누릴 수 있게 됐다.

에노비드는 승인 후 1년 동안 40만 명의 여성(미국 여성 인구의 0.4%)이 복용했으며, 이 수치는 다음 해에는 120만 명(1.3%), 그리고 그 다음 해에는 650만 명(6.6%)으로 증가했다. 원치 않는 임신의 공포에서 벗어나 자신의 스스로 삶을 계획할 수 있게 되자 교육이나 직장 등 여성들의 사회진출도 활발해졌다. 경구피임약 출시 이후 미국에서는 여성들의 대학진학률이 가파르게 상승했고, 1970년대 34%였던 여성의 고교중퇴율은 2008년 7%까지 떨어졌다. 성해방과 여성해방 운동도 1960년대 후반부터 본격화될 수 있었다. 여성학자들이 에노비드의 탄생을 "남성의 협조 없이도 원치 않는 임신을 피할 수 있는 혁명적 사건"으로 평가하는 이유다.

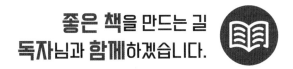

좋은 책을 만드는 길
독자님과 함께하겠습니다.

발칙하고 유쾌한 별별 지식백과

초 판 발 행	2023년 01월 05일(인쇄 2022년 09월 30일)
발 행 인	박영일
책 임 편 집	이해욱
저 자	이다온
편 집 진 행	김준일 · 김은영 · 이세경 · 김유진
표지디자인	조혜령
편집디자인	임아람 · 채현주
발 행 처	(주)시대인
공 급 처	(주)시대고시기획
출 판 등 록	제10-1521호
주 소	서울시 마포구 큰우물로 75 [도화동 538 성지 B/D] 9F
전 화	1600-3600
팩 스	02-701-8823
홈 페 이 지	www.sdedu.co.kr
I S B N	979-11-383-3451-8(13030)
정 가	16,000원

※ 저자와의 협의에 의해 인지를 생략합니다.

※ 이 책은 저작권법의 보호를 받는 저작물이므로 동영상 제작 및 무단전재와 배포를 금합니다.

※ 잘못된 책은 구입하신 서점에서 바꾸어 드립니다.